DESIGN MANAGEMENT

これからのデザイン経営

常識や経験が通用しない時代に
顧客に必要とされる企業が実践している経営戦略

HAKUHODO DESIGN 代表取締役社長
永井一史

CROSSMEDIA PUBLISHING

〈はじめに〉

「デザイン経営」の実装に向けて

「ビジネスにおいてデザインは重要だ」

この感覚は、いまや日本でも多くの経営者・ビジネスパーソンに広く共有されるようになりました。しかし、「経営にもデザインを導入すべきだ」という意見には、まだまだ違和感があるのが正直なところではないでしょうか。

本書は変化の激しい時代において、手探りで自社の未来を模索している経営者に向け、「これからの経営にはデザインの創造性と美意識が欠かせない」と伝えるためのものです。少し極端な言い方をすれば、「経営にデザインを取り入れなければ、これからの日本企業は生き残っていけない」、それくらいの確信を持って、私は「デザイン経営」の重要性を語りたいと思っています。

一九八五年、私は広告会社の博報堂にデザイナーとして入社しました。広告キャンペーンの企画や制作などで忙しく日々を過ごす中で、二〇〇三年にはデザインによるブランディングに特化した会社「博報堂デザイン」を設立。現在もその代表取締役社長を務めています。これまで、様々な業種の企業や組織が抱える課題に、クライアントとともに向き合い、デザインによる解決を模索してきました。

当初は「デザイン」といえば、プロダクトデザインやグラフィックデザインといった「カタチのデザイン」ばかりが注目されがちでした。しかし、新しいブランドを立ち上げるお手伝いをしたり、既存のブランドを活性化する仕事に携わったりする中で、そのもっと手前にある、企業やブランドのあり方そのものを構想する「考えのデザイン」も求められるようになっていくに違いない、と考えるようになりました。

強いブランディングを実現するためには、「カタチ」を整えるだけでは十分でなく、その背景にある「思い」を見定め、コンセプトから具体的なアウトプットまで一貫させる必要があるからです。

つまり、ビジネスにおけるデザインの力を真に追求するならば、必然的に創業者の理念や社会における役割など、その組織の「存在意義」にまで踏み込んでいかなければなりません。それはデザインが経営の領域に入り込むということです。

幸い、近年は「デザイン思考」がイノベーション創出の手法として注目されたように、デザインを経営戦略の一環として位置づける潮流が生まれています。そして、この「デザイン×経営」が生み出す可能性をさらに追求したものが「デザイン経営」です。

発端は二〇一八年五月。経済産業省と特許庁が「『デザイン経営』宣言」(以下『宣言』)という政策提言を発表しました。「日本は人口・労働力の減少局面を迎え、世界のメイン市場としての地位を失った」との書き出しで始まるこの提言は、成熟した国内外の市場で生き残るために、企業がデザインによってブランド価値を育て、デザインによって顧客の真のニーズをとらえ、イノベーションを起こす必要性を説いています。私も策定委員のひとりとして、議論に加わりました。

すでにビジネスにおけるデザインの活用が注目されていたこともあり、『宣言』が世に出ると大きな反響を呼びました。しかし、その一方で「デザイン経営」が具体的に何を指し、どのように優れているのか、提言の内容だけではなかなか理解しにくいという感想も多くいただきました。それは「経営そのものにデザインがどのような影響を及ぼすのかイメージできない」といった声です。

「デザイン経営」とは、企業のパーパスを見定め、それを基点とした組織文化を構築し、新たな価値を創造し続ける経営手法です。本書では、「デザイン経営」とは何か。なぜ、この時代の「経営」に「デザイン」が必要とされているのか。あらためて振り返りながら、デザインを経営に実装するためのロードマップを示していきます。

私たちが生きる現代は、かつてないほど先の見通しが困難な時代です。

以前は、過去の経験に基づいて未来を予測し、その予測を踏まえた意思決定をしていくことが経営者には求められました。しかし、労働人口の減少、市場の縮小、グローバル競争の激化、急激なデジタルシフトなどの様々な要因により、未来はどんどん予測不可能なものになっています。

さらに、二〇二〇年には新型コロナウィルスの影響も重なりました。商品の売り方だけでなく、従業員の働き方や人々のライフスタイルまで劇的に変わらざるを得なくなり、経営をめぐる「当たり前」は、ますます通用しなくなりました。

私自身も緊急事態宣言が発令されて以来、テレワークが続いています。オフィスに行かずに仕事をしている自分を振り返ってみると、以前の働き方との大きなギャップにあらためて驚くことがあります。そのような時代が到来して、企業も仕事も、かつてと同じままでいられるのでしょうか。

まさにいま、日本企業は重大な岐路に立たされており、多くの経営者が危機感を抱いています。こうした時代状況の中で、日本企業が生き残るためには、自社の価値や思いを社会に向けて積極的に共有し、生活者から真に必要とされる存在に生まれ変わらなければなりません。その変化のための重要な鍵を握っているのが、世界の有名企業が経営戦略の中心として取り組んでいる「デザイン」なのです。

デザインとは、論理や感性が複雑に絡み合う領域を統合的に構想し、カタチにする方法論です。経済性だけでなく、あくまで「人」を中心に考え、生活の中の美や社会における価値も追求していくからこそ、科学的な経営手法だけでは見えてこない、新たな価値を創造していくことができます。これは企業規模の大小を問いません。

例えば、長らく下請けを続けてきたが、先行き不透明な時代にあって、自ら事業を作り出したいと考えている中小企業にとっても、「デザイン経営」は有効です。実際、『宣言』の発表以降、多くの中小企業の経営者の方に、デザイン経営に関するセミナーやイベントに参加していただきました。

二〇二〇年春の緊急事態宣言の期間中に開催されたオンラインセミナーでは、全国から二〇〇〇人近くもの参加者が集まりました。大学やビジネススクールではデザイン経営を教える講座も始まっています。そこに集まっている人のほとんどは、デザイナーやクリエイターではなく、一般企業の経営者であり、ビジネスパーソンです。従来の経営手法に多くの人が行き詰まりを感じている中で、「デザイン×経営」がもたらす可能性に高い関心が集まっていることを日々実感しています。

ピーター・ドラッカーの有名な言葉に、「企業の目的の定義は一つしかない。それは顧客の創造である」とあるように、変化の時代だからこそ、企業は顧客にとっての新しい価値を生み出し続けなければなりません。変化を乗り切るためには、大胆にビジネスモデルを変えていくことも必要でしょう。そのときにデザインのマインドセットや方法論、全体を総合していく力、つまり「デザイン経営」が求められていくと考え、本書をまとめました。

本書を通じて、ひとりでも多くの方が企業経営に新たな可能性を見出し、これからのビジネスのヒントを見つけていただければ幸いです。

第02章 「パーパス」から始めるデザイン経営

〈特別対談／佐宗邦威×永井一史〉

「パーパスが持続的な経営の王道になる」

第03章 組織文化をデザインする

第04章

価値創造をデザインする

第01章

「デザイン経営」がもたらすもの

世界の企業や国が注目するデザインの力

ビジネスにおける「デザイン」の有用性を語る議論は、いまに始まったことではありません。しかし、日本企業の場合、それは製品やサービスの外側のスタイリング、広告コミュニケーションの領域など、限定的なものに長らく留まっていました。

日本企業では戦前から、色や形の設計（デザインの領域）と、技術や機能の設計（エンジニアリングの領域）が分けて考えられており、経営においてデザインのとらえ方が限定的だったのは、その影響が大きいと言われています。

そのため、日本企業におけるデザイナーは、経営戦略などの「川上」の議論に加わるケースがほとんどありませんでした。とくにものづくり企業では、新しい機能や技術の開発が最優先の経営課題であり、最終的なカタチにする部分にしかデザインが入り込む余地はないと思われていました。

一方、海外に目を向けると、数々の有名企業が経営戦略の真ん中にデザインを据えています。アップル、ダイソン、ウーバーなどのB to C企業のみならず、スリーエム、ＩＢ

MのようなB to B企業も、デザインを戦略レベルにまで取り入れることで成功しています。

また、アリババなどアジアの成長企業も、デザインを重視していることで知られています。

海外では国家全体でデザイン振興を掲げるケースも増えています。その中でもとくに、製造業の衰退が著しかったイギリスは、クリエイティブ大国になるべく、一九九〇年代からデザインを国の成長戦略の中核に据えています。その結果、国内企業の成長が促されただけでなく、製造業の衰退に対して、新たに雇用を生み出す受け皿にもなっています。

科学合理的な経営は限界を迎えている

なぜ、世界の企業や国は「デザイン」に注目しているのでしょうか。

大きな理由は、ビジネスをめぐる危機感の高まりにあります。

これまで企業は科学的合理主義の考え方で経営されてきました。科学的合理主義とは、未来は過去の経験から予測でき、その予測に基づいて正しい戦略を立て、適切に実行すれば成功できるとする考え方です。だから経営者には、大胆な挑戦をするよりも、無駄を省き、人材や資金といったリソースを合理的に管理していく能力が重視されました。

しかし、いまや未来を見通すことは、ほとんど不可能になってきています。

その原因は、いくつもあります。

まず、二十一世紀に入り、グローバル化とデジタル化が世界を覆いました。情報やカネの流れが世界規模で高速化・複雑化し、数々の産業がビジネスモデルを根本から変えなければならなくなりました。最近ではＡＩ（人工知能）の高度化も、従来型の経営の「当たり前」に変更を迫る要因として注目されています。

地球環境や人種差別の問題、男女平等などの社会課題も避けては通れません。最近は日本でも「ＳＤＧｓ」という言葉が浸透してきました。これは「Sustainable Development Goals（持続可能な開発目標）」の略称であり、気候変動への対策も含め、世界中の国や企業が取り組むべき百六十九もの達成目標が掲げられています。

ＳＤＧｓは二〇一五年九月の国連サミットで採択されたものですが、これだけ広範にわたる目標が「達成しなければならないもの」として網羅されていることからも、いまの世界をめぐる課題の多さ、複雑さが分かるかと思います。

そうした社会情勢の中で、企業活動には利益追求だけでなく、社会的責任も厳しく問われるようになりました。ソーシャルメディアの普及などによって人々が声をあげやすい時代が到来したことで、「その企業は社会にとってどんな良いことができるのか?」という観点でも企業が評価されるようになったのです。

世の中の変化が非常に早く、先行きが不透明となったのが「いま」という時代です。この変化の激しい世界は「VUCA」と呼ばれています。これはVolatility(変動)、Uncertainty(不確実)、Complexity(複雑)、Ambiguity(曖昧)の頭文字をつなぎ合わせた造語であり、「正解のない時代」を意味しています。

しかも本書を執筆中の二〇二〇年には、新型コロナウィルスの影響も重なりました。人々の外出が制限される、イベントや会合が中止になる、感染防止対策にリソースを割く必要がある、といった変化は企業に組織改革を迫り、業態によっては事業そのものの変革も求められています。

日本でも多くの経営者がこう実感していることでしょう。

もはや過去の成功体験は当てにならず、過去の経験から未来を予測することも困難になってしまった、と。以前から誰もが薄々気付いていたことではありますが、コロナ禍により、その予感が確信に変わったといえます。

デザインがブランディングとイノベーションを実現する

経営者は何を頼りに、これからのビジネスを考えていけばいいのでしょうか。その答えがまさに「デザイン経営」です。経済産業省・特許庁が発表した政策提言「『デザイン経営』宣言」（以下『宣言』）では、デザイン経営の「効果」をこのように定義していました。

〈デザインは、企業が大切にしている価値、それを実現しようとする意志を表現する営みである。それは、個々の製品の外見を好感度の高いものにするだけではない。顧客が企業と接点を持つあらゆる体験に、その価値や意志を徹底させ、それが一貫したメッセージとして伝わることで、他の企業では代替できないと顧客が思うブランド価値が生まれる。

さらに、デザインは、イノベーションを実現する力になる。なぜか。デザインは、人々が気づかないニーズを掘り起こし、事業にしていく営みでもあるからだ。供給側の思い込みを排除し、対象に影響を与えないように観察する。そうして気づいた

「デザイン経営」の効果

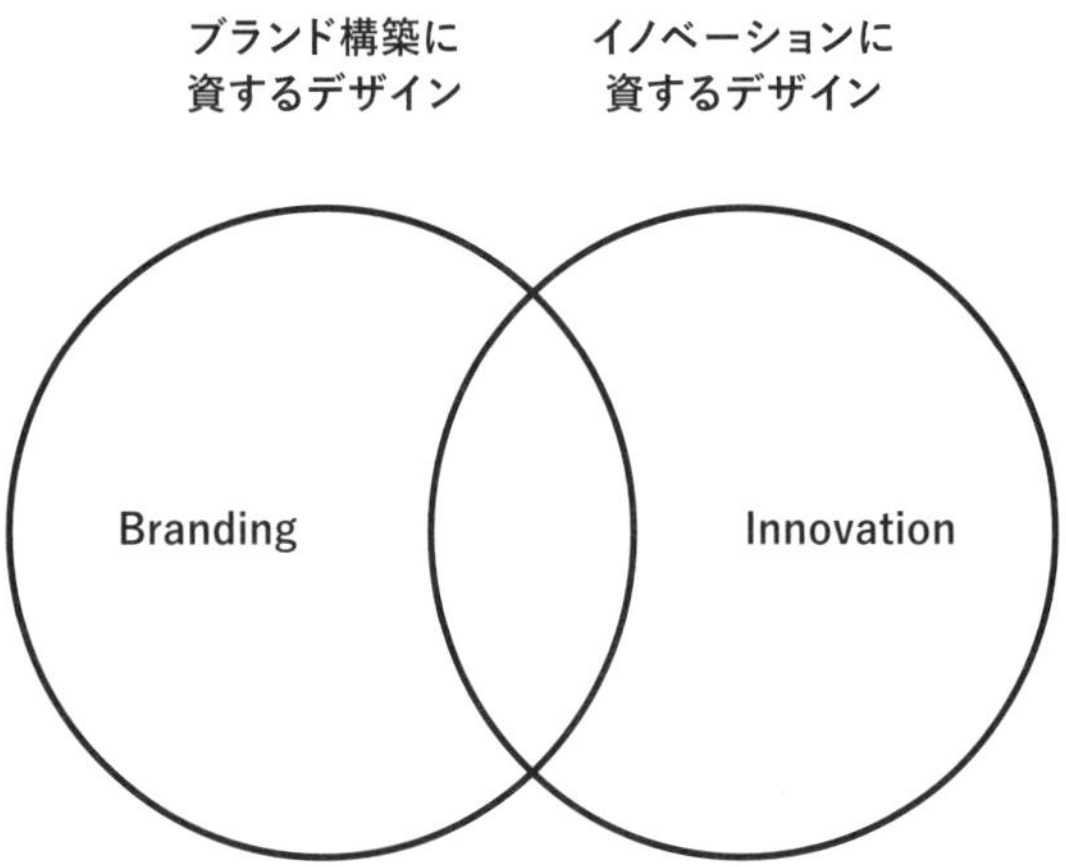

潜在的なニーズを、企業の価値と意志に照らし合わせる。誰のためになにをしたいのかという原点に立ち返ることで、既存の事業に縛られずに新たな事業を構想できる。〉

そのうえで『宣言』では、「デザイン経営は、ブランドとイノベーションを通じて、企業の産業競争力の向上に寄与する」と結論づけています。

デザインは「カタチ」をきれいに整えるだけのものではありません。企業が大切にしている価値、それを実現しようとする意志、そのような「思い」を具体的なカタチに落とし込み、それをあらゆる顧客接点において一貫したメッセージとして伝えていくことで、他の製品・サービスには替えられないブランドをつくり上げることができます。

イノベーション創出にもデザインは貢献します。よくある誤解ですが、技術開発だけでイノベーションは生まれません。それは「発明（インベンション）」です。イノベーションの本来の意味は、発明そのものではなく、発明を実用化して社会に実装し、その結果として世の中を変えることにあります。

新しい技術だけで魅力的な商品になるわけではありません。よく言われるように、iPod

以前にもＭＰ３プレイヤーは誕生していましたし、iPhone以前からスマートフォン自体はありました。しかし、アップルはそれらを人々にとって使いやすく、美しいかたちにして届けることで世界のトップ企業となりました。また、そうした製品を支えるiTunesやApp Storeといったサービスプラットフォームも、徹底して顧客が使いやすいＵＩ・ＵＸを追求することで、他社よりも優位に立つことができたのです。新しい技術はデザインが入ることによって社会に実装され、イノベーションとなります。

このように、デザインの力によってブランディングとイノベーションを実現するデザイン経営は、正解がなく未来を見通せないＶＵＣＡの時代において、企業が強く生き抜いていくための方法論なのです。

デザインの投資リターン

世界ではデザインへの投資に関する研究が進んでいます。デザインに関わる組織改変や人材採用・育成といった人的投資、あるいは金銭的投資へのリターンに関するものです。

欧米で行われた、デザインへの投資と企業パフォーマンスの関係についての研究は、デザインへの投資を重視する企業ほど、高いパフォーマンスを発揮していると示しています。

例えば、British Design Councilは、デザインに投資すると、その四倍の利益を得られると発表しており、デザイン賞に登場することの多い企業ほど、市場平均と比較して株価も高くなる傾向があることを明らかにしました。また、Design Value Indexは、アメリカのS&P五〇〇の企業全体で比較して、デザインに投資する企業は過去一〇年間で二・一倍の成長を達成したことも報告しています。

あるいは、マッキンゼーが行った調査では、デザインを重視する企業は同様のプロダクトやサービスを販売する競合と比べ三〇%も高い値付けができることが分かっています。

また、デザインを「製品・サービスのスタイリング」といった狭い領域だけでなく、経営戦略として広い領域で取り入れている企業のほうが業績はいいと示す調査もあります。

経済産業省の「第四次産業革命クリエイティブ研究会報告書」には、デザインの意味を広義（UIやUXを含めた製品・サービス全体の設計）にとらえる企業と、狭義（製品の色や形の工夫）にとらえる企業とを比較した調査結果が掲載されています。それによれば、直近五年の平均営業利益増加率が六%以上と答えた割合は、デザインを広義でとらえている企業では四一・九%であったのに対して、狭義でとらえている企業では二五・〇%に留まっていました。加えて、「新製品／サービス設計において重視する項目」という質問では、デザインを広義でとらえている企業のほうが「顧客にとっての使いやすい製品／サービス提供」を重視し、狭義でとらえている企業のほうが「低価格での製品／サービス提供」を重視する傾向が見られました。

これらの結果から、デザインを広義でとらえる企業のほうが、高付加価値の製品やサービスを提供しており、なおかつ利益増加率が高いことがうかがえます。

一方、日本企業では「デザイン経営は、その効果が測りにくい」ともよく指摘されます。実際、特許庁の「我が国のデザイン経営に関する調査研究」では、「デザインがどこまで寄与しているかわからないので、評価が定性的にならざるを得ない」「費用対効果やROIを極度に求められる状態では、B to Bメーカーでのデザインの活用はなかなか進められない」「外部の株主や経営陣に『効果を示せ』と言われる」「費用対効果を示しづらいので、新たな投資に対する意思決定をするのが難しい」など、デザインの効果測定の難しさを指摘する声があがっています。しかし、これらの調査結果で分かるように、「デザインへの投資にはリターンが見込める」というのが、いまや世界の常識なのです。

デザイン経営の客観的な「効果」

そんななか、『宣言』が発表されてから二年以上が経過し、日本でも実際に「デザイン経営」に取り組んでいる企業の現状が見えてきました。

以下に示す数値は、公益財団法人 日本デザイン振興会が、株式会社三菱総合研究所と共同で、グッドデザイン賞に応募したことのある企業を対象にアンケートを実施したものです。その内、有効回答が得られた五百十九社の結果を集計しています。グッドデザイン賞の応募企業が対象ではありますが、その業種・企業規模は幅広く、組織内にデザイン専門の部署がない企業も含まれています。

各設問を集計し、回答企業を「デザイン経営に積極的でない」「あまり積極的でない」「ある程度積極的」「積極的」の四段階に分類しています。デザイン経営の導入の度合いにより、企業経営にどのようなインパクトがあったのか。アンケート結果から見ていきましょう。

まず注目すべきは、デザイン経営に積極的な企業ほど、「顧客から愛されている」という示唆を与えてくれるデータです。デザイン経営に積極的なほど自社、または自社サービス・製品のコアファンが多いと感じており、デザイン経営はブランド力の向上と強い相関があることが分かります。

ブランド力の向上は、従業員のロイヤリティ向上にも良い影響を与えています。従業員から「とても愛着を持たれていると思う」「愛着を持たれていると思う」と回答した企業の割合も、デザイン経営に積極的なほど高い数値を示しています。

さらに、経営者が最も気になるポイントである「売上の成長」でも、デザイン経営への取組状況との相関が見られました。過去五年の平均売上高が一〇%以上成長したと答えた企業は、デザイン経営に積極的なほど増加する傾向があります。

しかも、デザイン経営への取り組み度合いと売上の成長との相関関係は、エンドユーザー向け事業を持つ企業、さらにUX（User Experience＝ユーザー体験）向上のためのデジタルへの取り組みに積極的な企業において、より大きいことが分かりました。

こうした具体的なデータが得られたことで、日本では初めてデザイン経営導入の効果が客観的に見えてきました。報告書ではその結論を次の三点に集約しています。

デザイン経営の取組み状況と同業他社と比較した「コアファン」の状況（n=393）

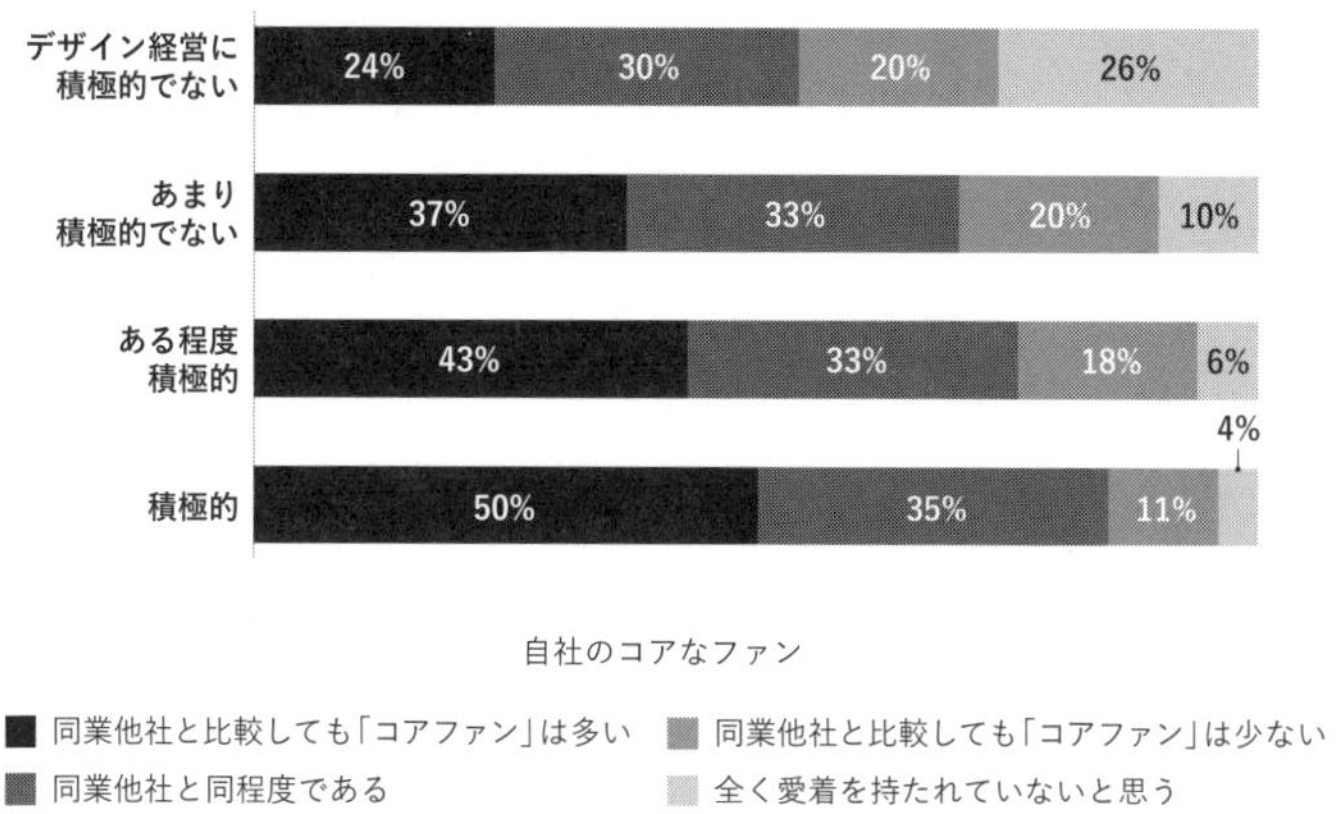

デザイン経営の取組み状況と従業員の自社への愛着状況（n=393）

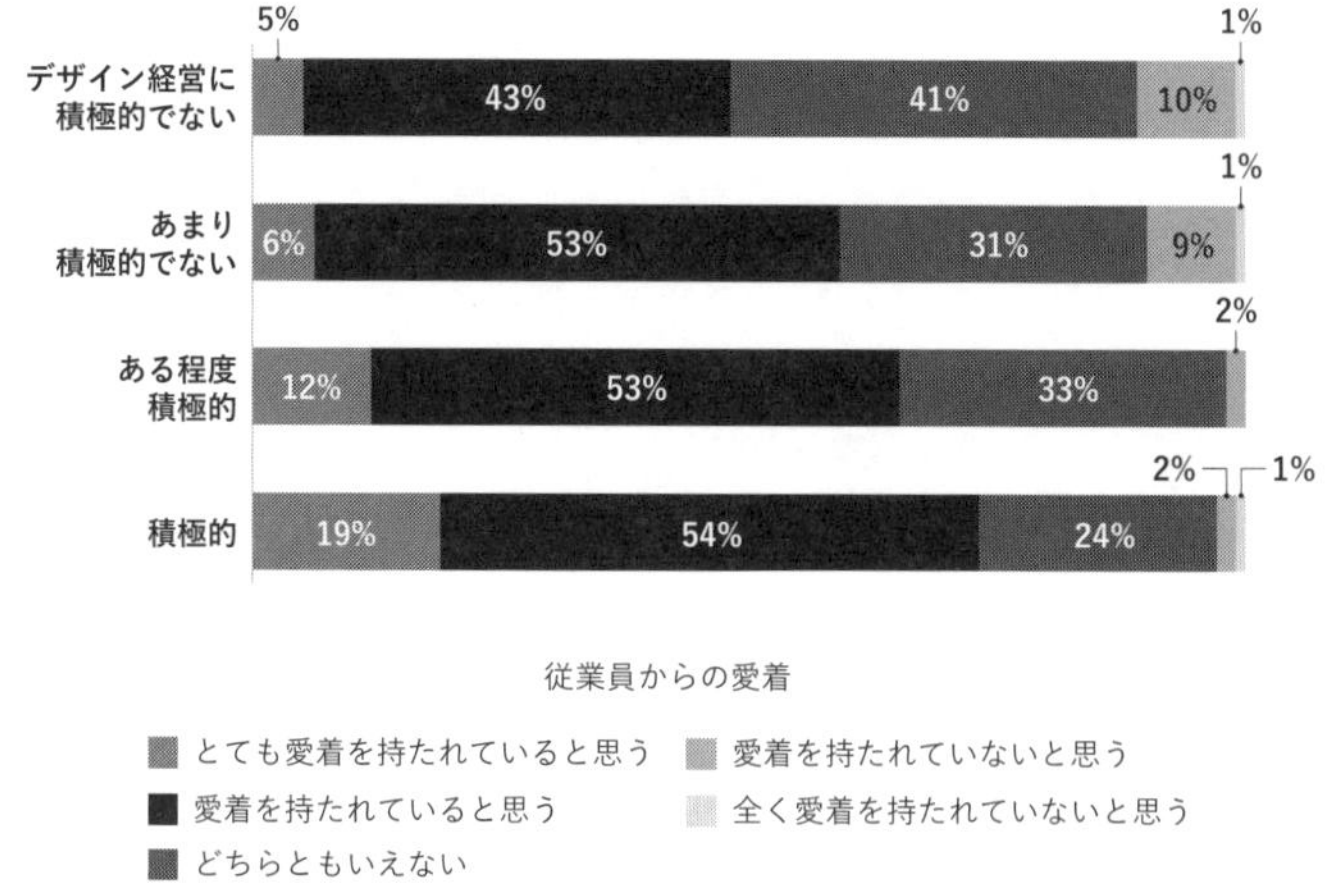

日本企業におけるデザイン経営の取り組み状況

デザイン経営の取組み状況とデザイン投資に関する将来への期待の状況（n=393）

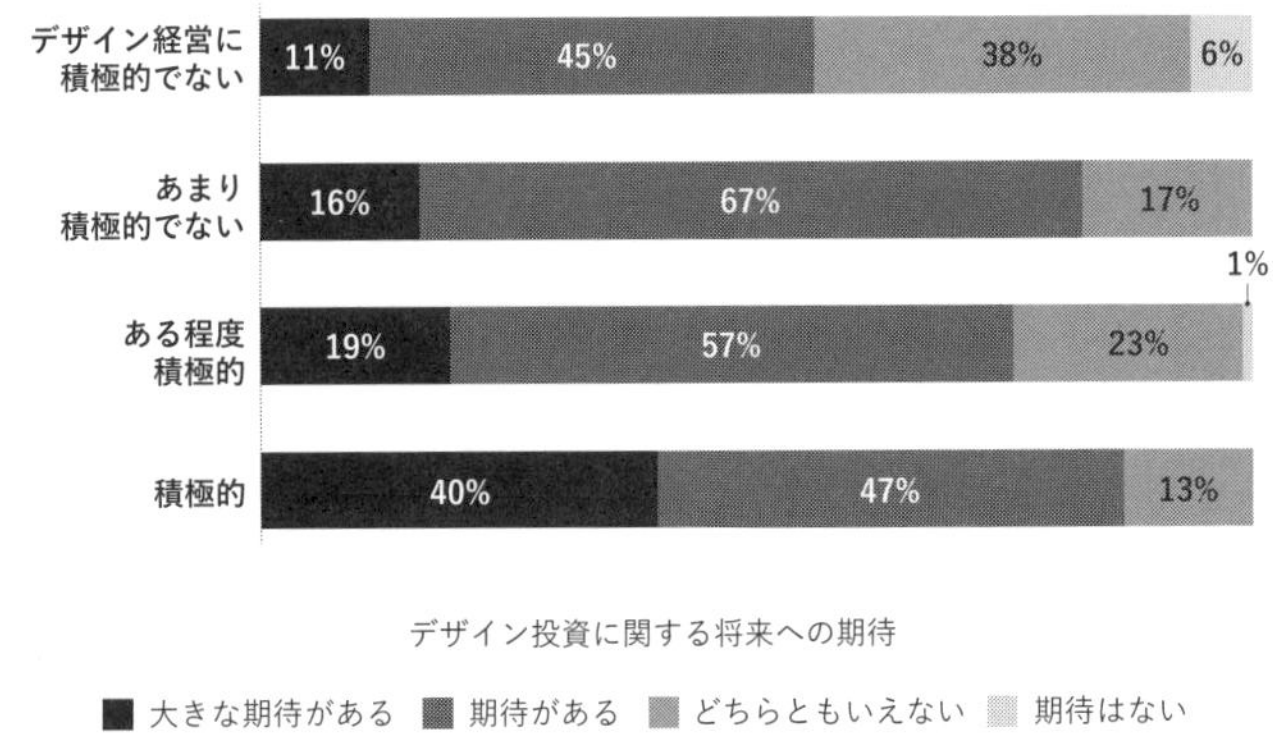

デザイン経営の取組みと過去5年の平均売上高増加状況の関係性（n=393）

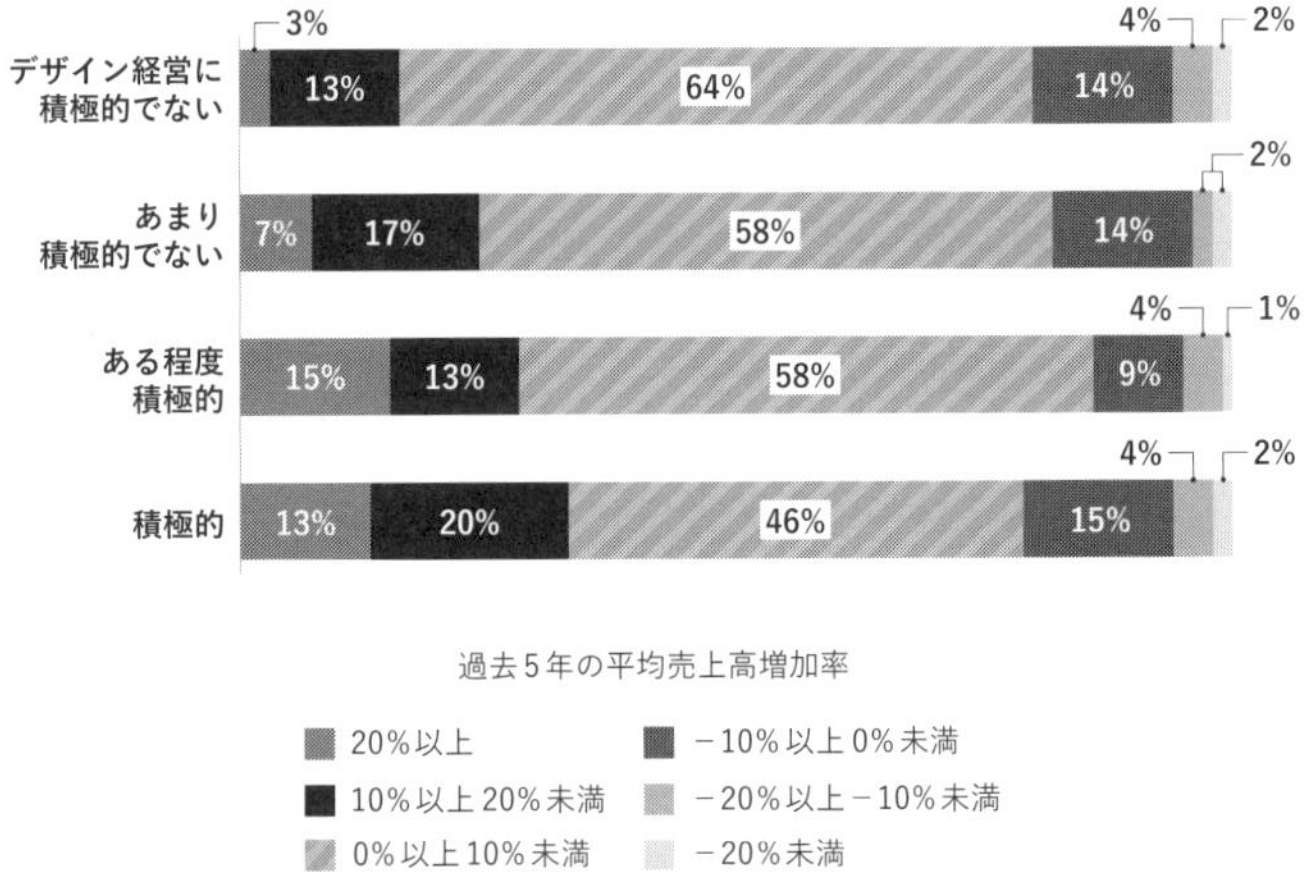

①デザイン経営に積極的な企業ほど、売上成長率は高い。特にエンドユーザー向け企業、デジタルに積極的な企業は顕著。

②デザイン経営に積極的な企業ほど、デザインへの投資は増加し、将来的な効果への期待が高い。

③デザイン経営に積極的な企業ほど、従業員からも顧客からも愛される。

そして、「デザイン経営に積極的な企業ほど、未来への希望を感じている」という点も重要です。自社の将来的な展開や新たな事業開発などにおいて、デザインへの投資が効果を発揮してくれると「大きな期待がある」と答えた企業の割合は、デザイン経営に積極的な企業ほど増加傾向にありました。

「パーソナルコンピューターの父」として知られるアラン・ケイは、「未来を予測する最も良い方法は、未来をつくり出すことである」と語りました。この調査結果から、先行き不透明な「VUCA」の時代にあって、デザイン経営は、まさに「未来をつくり出す方法」として経営者から期待されているといえます。

人材採用にもデザインが影響する

デザインに投資することは、企業の重要課題である人材獲得や社員の定着化にも良い影響を与えます。

先の調査でも、「デザイン経営に積極的な企業ほど、従業員から愛される」という結果が見られましたが、これはデザインに投資することでブランド力が向上し、事業の目指す方向性が明確になったことが大きいと考えられます。

そして、すでに働いている従業員から愛されることは、組織のマネジメントとしても重要です。それは友好的な口コミの増加にもつながり、新卒・中途採用にも良い影響を与えます。求職者に対しても「自社の価値観」を分かりやすく伝えられるようになることで、採用力の強化につながるのです。

言い換えれば、「何のために働くか」が明らかにされていたほうが、人は働きがいを感じやすく、求職者も、その企業が自分にマッチしているかどうか判断しやすいということです。これは人材獲得に苦労している地方の中小企業などにとって、デザイン経営がもたらす大きなメリットといえるでしょう。

こうした企業文化を持つことは、ミレニアル世代（一九八〇年以降に生まれ、二〇〇〇年以降に成人を迎えた世代）の台頭とともに、ますます重要になっています。

日本でもデフレ時代と重なるように、景気が停滞した時期に社会の一員となった現在の若い世代にとっては、売上高や事業規模の追求は、企業の価値としてあまり魅力的なものではなくなってきています。それよりも彼らは「働きやすい社風であるか」や「社会課題や環境問題へ貢献しているか」といった点を重視しています。

そのため、企業が表向きに掲げているビジョンやミッションだけでなく、その会社が何を強みとしているのか、どんなことを実現しようとしているのか、といった方針を明らかにすることは、今後の採用活動においてさらに求められていくと予想できます。

二〇二五年にはミレニアル世代の人口が世界の七五％を占めるといわれており、人材としてだけでなく、製品やサービスのユーザーとして応援してもらうためにも、自社の価値観を発信し、社会と共有することが欠かせなくなるでしょう。

そもそも「デザイン」とは何か

なぜ「デザイン」は、経営にこれだけ大きな影響を及ぼすことができるのでしょうか。そのことを説明するためには、デザインの定義について語る必要があります。

というのも、日本企業においてデザインの必要性が理解されにくいのは、ひとえに、日本においてデザインというものが正しく理解されていないためです。

ある人はデザインの役割について「スタイリング」と言い、ある人は「課題解決」と言い、そして別の人は「ブランディング」とも言います。「いやいや、デザインは結局、美の追求だよ」と言う人もいるでしょう。人の数だけ「デザインとは」の答えがある状況なのです。

だから、まずはデザインに対する誤解を解かなければなりません。

その目的は、「デザイン経営」に取り組もうとする人々に、デザインに関する共通の理解を持ってもらうことにあります。「経営にデザインを取り入れる」といっても、言葉の意味するところを組織内で共有していなければ、その成果を正しく評価することもできず、デザイン人材を効果的に採用・活用することもできないからです。

まず、デザイン（Design）の語源は、十四世紀のラテン語であるDesignare（デジナーレ）です。

この言葉は「ある計画に基づいて作ること」という意味だけでなく、具体的に作ることのもっと手前にある、「計画すること」「考案すること」も指しています。

デザインには、モノの造形を整える前に、必ず未来に向けた計画や意図といった「コンセプトづくり」があります。つまり、デザインという行為には、「考えのデザイン」と「カタチのデザイン」の二つがあるのです。

「考えのデザイン」は必ず具体をともなった「カタチのデザイン」によって表現されます。この「考え」から「カタチ」までを一貫させることで、デザインのアウトプットは深く人の心に届くものになります。単に見た目をきれいに、かっこよくすることがデザインではありません。

ここで重要なのは、デザインとは対象の目に見える部分だけを手掛ける営みではない、ということです。見えない部分までを設計してこそ、デザインは価値を持ちます。

その成り立ちを、近代デザインの歴史を振り返りながら見ていきましょう。

考えのデザインとカタチのデザイン

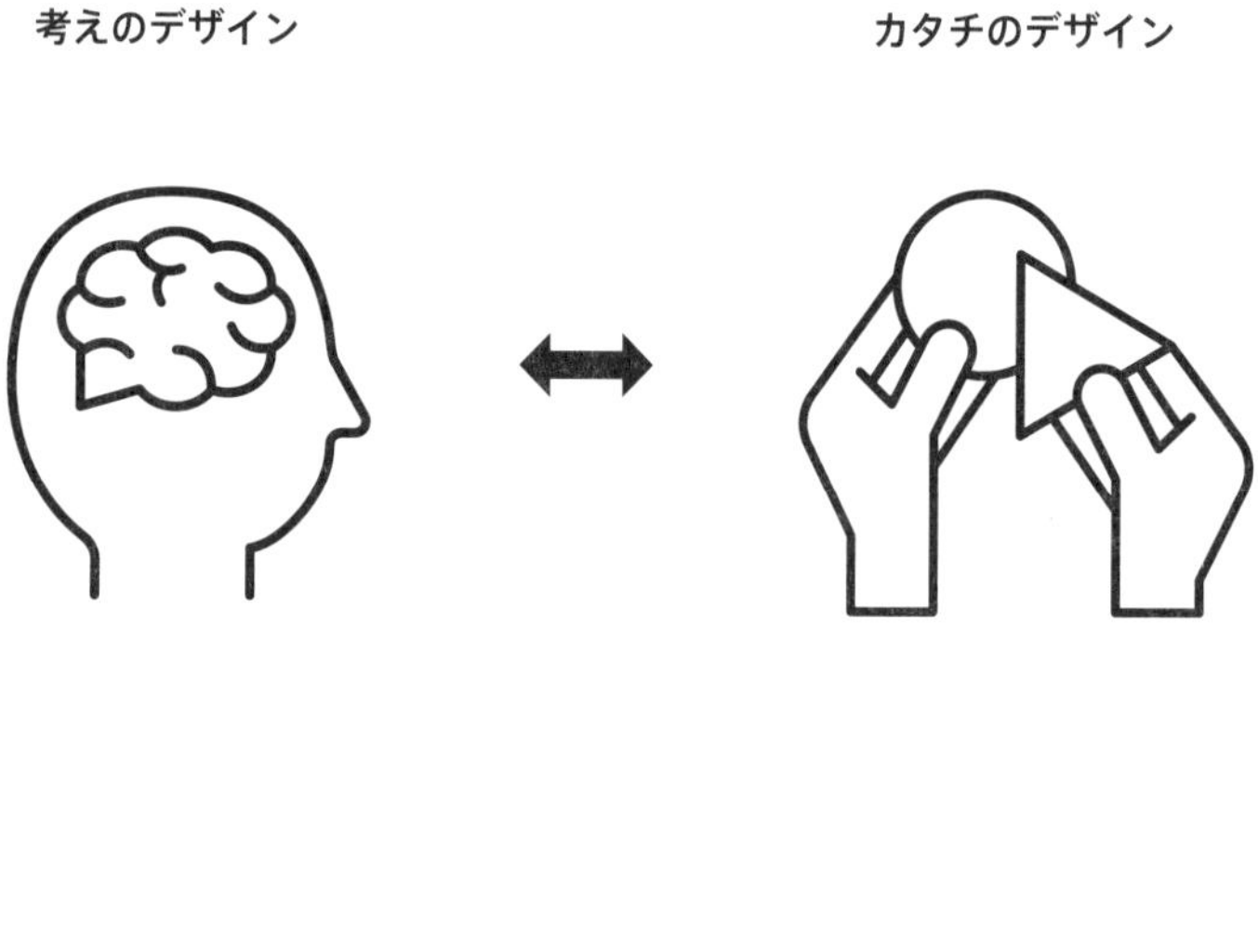

近代デザインの原点を探る

近代デザインの原点は、十九世紀イギリスの「アーツ・アンド・クラフツ運動」にあります。この運動を主導したのは、思想家であり芸術家でもあったウィリアム・モリスです。モリスは産業革命による工業化社会の出現にともない、中世の職人たちによる手工芸の復権を唱えました。当時のイギリスは粗悪な大量生産品が街にあふれ、どこに行っても同じようなモノであふれていました。そうした製品をつくり、それに囲まれて生活することは、果たして幸せなのだろうか。そう考えたモリスは、民衆の生活を芸術化することで、より良き暮らしの実現を目指します。

アーツ・アンド・クラフツ運動は、主に工芸品を中心に展開されました。生活に根ざした芸術品をつくることで、日常的に用いるモノに美的な価値を担わせたのです。

また、それは工場の歯車になりつつあった労働者たちに、ひとりひとりが創造性を発揮したものづくりを奨励するものでもありました。モリスの意図は、労働と芸術を組み合わせ、民衆に働く喜びを生み出してもらうこと。アーツ・アンド・クラフツ運動とは、技術進化により急速に発展する資本主義社会の中で、いかに暮らしから人間性を失わないようにするかを問題の中心としていたのです。

いわば、現代でいう「Quality of life」を問う運動であったといえます。

このように近代デザインは、産業革命に対する社会運動から生まれました。その出発点からして「社会に対する思想」だったのです。

しかもモリスは思想を唱えるだけでなく、ステンドグラスや家具などを制作・販売する「モリス・マーシャル・フォークナー商会」を設立するなど、思想の社会実装にも挑戦しました。まさに「考えのデザイン」から「カタチのデザイン」までを一貫させることで、世の中に変化を促したといえます。

モリスがアーツ・アンド・クラフツ運動で唱えた手工芸の復権からさらに進み、人々の豊かな生活の受け皿として、より総合的に芸術と技術の融合を目指したのが、一九一九年にドイツで誕生した美術学校「バウハウス」です。

ドイツの工房には「マイスター制度」と呼ばれる徒弟制の伝統があり、ものづくりの技術は師匠から弟子へと直接受け継がれるものでした。しかし、バウハウスは教育機関として、それまで職人的な色合いが強かったデザインのスキルを体系化し、学校で教えられるものにしました。技術の学習と理論の学習を分けて教え、「設計」を「生産」から分離して扱うことができるようにしたのです。

これは独創性よりも機能性に重きを置き、どんなものにも応用できる普遍的なデザインを追求したバウハウスの理念に基づいています。産業革命以降の工業化された社会において、この方針は大量生産にも優れたデザインをもたらすことができると証明し、バウハウスの手法は世界へと爆発的に広まっていきました。

バウハウスがものづくりから「生産」と「設計」を分離したことで、職人とは異なる「デザイナー」という新たな職業も確立されていきました。それは「デザインにできること」の領域を具体的なものづくりから拡張することにもつながり、バウハウス以降、デザイナーは、製品のスタイリングだけでなく、人々の生活全般をデザインの対象とするようになっていきました。

デザインの三つの特性

こうした歴史的な背景から、デザインの特性は次の三つにまとめられます。

①常に人から考える

デザインは大量生産を前提とした工業化社会が到来した中で、人々にとって、より良い暮らしを実現するために誕生しました。それは企業や技術の論理によるものづくりではなく、あくまで「製品をつくる人・使う人の幸福に資するものづくり」を行うということです。人は身体だけでなく心、つまり理性や感情も持っています。

例えば、椅子をデザインするのであれば、まず機能性を考えるでしょう。身体に合わせた大きさや座りやすさです。しかし、それと同時に、座っている姿がどう見えたらいいのか。あるいは椅子を使用しないときには、部屋の中でどう見えるのか。そして、暮らしそのものを豊かにする椅子とは、どんなものだろうか。デザイナーはそんなことも考えます。

もちろん、製造コストを考慮するのも、新しい技術を取り入れることも大切です。しかし、発想の真ん中には必ず「人がどう感じるか」を置く。それがデザインのいちばん重要なポイントなのです。

この「人から考える」という特徴は、デザインが使われる文脈や状況によって、その役割を変化させてきました。

いまの時代によく使われているものでは、「UI・UXデザイン」があるでしょう。これは複雑なコンピューターの機能を一般のユーザーにとっても快適に、使いやすくするために生まれたデザインの分野です。コンピューターの画面を思い浮かべてください。机の上に書類を置いたり、引き出しから取り出したりといったような、現実世界の行為をデジタル空間に置き換えることで、性能だけでなく、人にとっての使いやすさも追求しています。

この「ユーザーとの接点（UI）やユーザーの体験（UX）をデザインする」という発想が生まれたからこそ、あれだけ高度な性能を持ったコンピューターが、私たちの暮らしに急速に浸透していくことができたのです。

また、「ユニバーサルデザイン」という言葉も聞いたことがあるのではないでしょうか。工業化社会では同じモノを大量に生産することが多いため、平均的な人に合わせてデザインを行いがちになります。しかし、ユニバーサルデザインでは、高齢者や障碍を持っている方など、世の中の様々な立場の人たちにとっての使いやすさも考慮することで、「人から考える」というデザインの特性をより根本的に追求しています。

このように、時代や社会の状況に応じて注力すべき点は変化してきたものの、「人から考える」というのは、いまも変わらないデザインの根本的な原則なのです。

② カタチにする

デザインは具体的なカタチとして表現されます。いま、お持ちの本も、座っている椅子も、横に置いてあるスマートフォンも、その空間もデザインされています。デザインが頭の中にあるコンセプトや概念だけではなく、最終的には具体的なカタチをともなうものであることは、当たり前のことですが、強調しておきたいと思います。

もちろん、この本の趣旨のように「カタチ」とは、必ずしも手で触れることのできる物理的なモノに限りません。例えば私自身、大学での授業は「教育のデザイン」と考えて日々行っています。

人は言葉を使って思考を詰めていきますが、言葉で記述された概念と、それをリアルに存在させることの間には、想像以上の隔たりがあります。言葉というものは、どんなに正確に記述しても、具体で示すことに比べたら、どうしても抽象的にならざるを得ません。先ほど「考えのデザイン」と「カタチのデザイン」の話をしましたが、この「抽象（考え）」と「具体（カタチ）」のギャップを埋めることが極めて重要で、そこにデザイン的な知や方法論があるのです。

また、カタチにすると言っても、デザインはアートと違い、必ず目的が存在します。デザイナー自身の動機から、自らが主体となって立ち上げるプロジェクトもありますが、職能としてのデザイナーの出発点は自社の事業部だったり、外部にいるデザイナーの場合はクライアント側の課題だったりします。プロジェクトの目的を一緒に定める抽象性の高いところからスタートして、どう具体的なカタチにするかを考えるのです。

よく「デザインとアートの違い」が議論されますが、デザインと比べてアートは、目的を外側に求めません。自分自身の内側を見つめながら、いままでなかった新しい意味や、見る人に対する問いを生んでいきます。デザインのように目的を持ち、機能的に役に立つことを志向した段階で、アートではなくなってしまうでしょう。少し話が横道に外れてしまいましたが、カタチにすることで初めて価値や意味を持つのです。曖昧だったものを、具体的でクリアーなものに収斂させていく。その行為そのものがデザインなのです。

③美と調和を大切にする

ウィリアム・モリスが工芸品の美を民衆の暮らしに導入しようとしたように、デザイナーは暮らしの中の「美」を追求することで、生活の質を向上させることを目指します。

デザインに「美」は欠かせません。しかし、「美」とは何でしょうか。「美しいこと」「良いこと」「立派なこと」。様々なイメージが浮かぶと思います。これは「美」の示す範囲の広さを表しています。実際、あなたが「良いデザイン」を見たときに出てくる言葉は、「美しい」だけではないと思います。「カッコいい」「素敵」といった感想もあるでしょう。また、必ずしも外見的なことだけでなく、倫理的に良くある状態や立派な行動といったものに対しても、「良いデザイン」という印象を抱くことがあるはずです。

つまり、美はある種の「秩序」であり、様々な関係との「調和」がとれていることを指して、私たちは「良いデザイン」と表現するのです。したがって、美を追求するデザイナーは、製品・サービス単体の美しさ・使いやすさだけでなく、それを社会と調和させることも目指します。

雑誌で見た素敵なインテリア、実際に訪れたホテルの部屋やレストランを思い浮かべてください。そのインテリアを構成するひとつひとつの家具やカーテン、置いてある調度品には、ある種の調和があると思います。仮にひとつひとつのものが良くても、てんでバラバラのものが並べられていては、それを「素敵」とは思わないはずです。そのしつらえの背後には、誰かのよく考えられたルールや意図があるのです。

モリスは、「役に立たないもの、美しくないものは部屋に置くな」という言葉を遺しています。いくら美しいものをそろえても、そこにひとつでも違和感のあるものがあると、全体の調和が崩れてしまう。そんな戒めの言葉かもしれません。

また、世界的なグラフィックデザイナーのポール・ランドによる『デザインの授業』という本の中に、デザインについての分かりやすい定義があります。

それは「デザインは関係性である」という言葉です。

「関係性を考え最適化する行為」と言い換えてもいいかもしれません。

様々な要素の関係が最適化された状態、つまり「美」と「調和」を目指すことです。

それが「デザイン」なのです。

デザインの3つの特性

常に人から考える

企業や技術の論理によるものづくりではなく、
製品をつくる人・使う人の
幸福に資するものづくりを行う

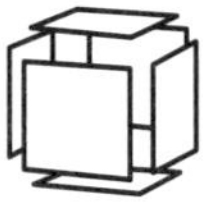

カタチにする

人や社会の役に立つことを目指し、
抽象（考え）を具体的なカタチに

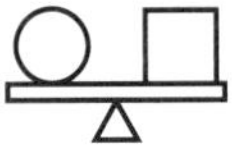

美と調和を大切にする

様々な要素の関係が最適化された状態を目指す

デザインとは「より良くする」こと

こうした特性を持つデザインについて、日本を代表するコピーライターの秋山晶さんが以前、こう表現したことがあります。

“Better by Design”

デザインとは、あらゆるものを〝より良くする〟ための行為というわけです。随分前のことですが、なんてシンプルにデザインの本質を言い当てるのだろうと、驚いたことを覚えています。

商品を良くする、組織を良くする、そして経営を良くする。デザインは物事をより良くすることに特化した方法論であり、考え方です。

だから時代を遡っていけば、人類の誕生とともにデザインはあるともいえます。

古代の人々がしたように、石を削って使いやすい石器を作ったり、身につける衣装に彩りや文様を加えたり、祭祀に使うための装飾をしたりすることも、〝より良く〟を追求するという意味での「デザイン」です。文明の進化とはデザインの進化であり、人類の歴史はデザインが持っている〝Better〟の思想で前に進んできました。

つまり、「より良く」を志向するデザインは、美しいものをつくるだけではなく、社会や生活者と共有できる課題を発見し、それを解決し、世の中に調和を生み出すプロセスを本質としています。私が述べた、デザインとは「見える部分だけでなく、見えない部分までを設計してこそ価値を持つ」という言葉の意味は、ここにあります。

課題やより良くできる可能性のあるところすべてに、デザインは寄与できるのです。

経営にデザインの視点を入れる

ここまではデザインの一般論について述べてきました。このような〝より良く〟を志向し、社会に実装する行為を経営にあてはめたのが「デザイン経営」です。

デザインには「考えのデザイン」と「カタチのデザイン」の二つがあり、そこに一貫性をもたせることで、そのアウトプットは人に深く届くものとなると先に延べました。では、経営における「カタチのデザイン」は組織文化の構築や事業を通じた価値創造として、経営における「考えのデザイン」とは何でしょうか。

これは、要するに「この製品・サービスはなぜ、社会に送り出されなければならないのか?」と問い、その背景にある「思い」を見つける行為にあたります。

私が考える「思い」とは、製品の送り手が持っているはずの理念であり、魂です。社会の中で、こんな企業でありたいという理想像。言うなれば、「その企業やブランドが社会に存在している理由」です。

人は「思い」があるから動きます。世の中に広く共感される「思い」のもとで、製品・サービスに関わる人たちが「思い」を実現するために行動する。また、そんな「思い」に共感した人々がファンになってくれます。そして、「思い」に共感した人々のコミュニティが形成されることで、企業や製品は唯一無二のブランドとなるのです。

本来、どんな企業にも「思い」はあります。大企業も中小企業も、創業当時は創設者の「思い」が経営の中に濃厚に生きていたはずです。しかし、時間が経つにつれ、経営者も社員も入れ替わり、自ずと会社の成長や維持といった経済的な視点ばかりが重視されるようになっていきます。

突き詰めて考えれば、どんな企業や製品も、暮らしを豊かにしたり、誰かに幸せをもたらしたりするために存在しています。そうでなければ、その存在は自ずと市場から淘汰され、世の中から長く愛されることはないからです。

一方、送り手の「思い」が、企業側からの独善的な押し付けになってしまっては、受け手にとっての価値にはなりません。どんなに自分たちが「これはいいものだ」と思っていても、受け手が求めていないもの、その人の暮らしに必要がないものでは意味がないからです。それでは事業やブランドを長く続けることはできません。

経営にデザインの視点を入れることで、経営者は事業の根底にあったはずの「思い」を見つめ直すことができるようになります。デザインは〝より良く〟を実現するために、まず「なぜ?」と本質を問うからです。「なぜ、これが人々の暮らしをより良くすると言えるのか」と。

反対にそこを見つめるプロセスがなければ、経営における「考えのデザイン」と「カタチのデザイン」が一貫せず、社会や生活者にとって納得性や共感性のある事業を生み出すことは難しいでしょう。

デザインの持つ創造性と美意識

では、どうすれば社員も含めた誰にでも分かりやすく共感・共有される「思い」を導き出すことができるのか。そのヒントは、デザインの持つ、創造性と美意識にあります。

創造性についてはイメージしやすいでしょう。人から考え、美や調和をそなえた具体的なカタチとして表現する。それがデザインの創造性です。これはロジカルな思考を用いないという意味ではなく、論理や理性で整理していきながらクリエイションの力によって発想をジャンプアップさせるということです。そのジャンプがあるからこそ、デザインは、理屈だけでなく感性においても、人々に受け入れられるものになるのです。これは「思い」を見出し、伝えるための力です。

しかし、創造性を発揮するためには、その土台となる美意識がなければなりません。企業活動でいえば、経営における「美しさ」を追求する必要があるのです。それはどのようなものなのか。

私は企業の方々にデザインについて説明する際、「文化性・社会性・経済性という三つの軸が交差する点を探る行為です」という話をよくします。

街に貼られた一枚のポスターを思い浮かべてみてください。このポスターが広告であれば「商品を買ってほしい」、文化イベントの告知であれば、「見にきてほしい」という目的が込められています。その目的を達成するための視点が「経済性」です。

しかし、目的が果たせれば、どんな表現でもいいわけではありません。

ポスターが街頭のようなパブリックな空間に貼られるのであれば、そこには責任が生じます。公序良俗に反していないかはもちろんのこと、実際に掲示されたときに、街の景観を阻害するものになっていないか、そもそも街という公共的な場所に貼る意味を持てているのかが問われます。その観点が「社会性」です。加えて、見る人に感動を与えられるか、たとえポスターの伝える役割を終えても、鑑賞し続けるだけの普遍的な表現になるかを考えます。それが「文化性」です。こうした視点を交差させながら、デザイナーは、そのポスターをより伝わりやすいもの、より良いものに磨きあげようと腐心します。

では、この三つの視点を「経営におけるデザイン」に置き換えてみましょう。

経営における文化性とは、人々の暮らしにどんな新しい豊かさやライフスタイルを提案

経済性、文化性、社会性の軸で考える

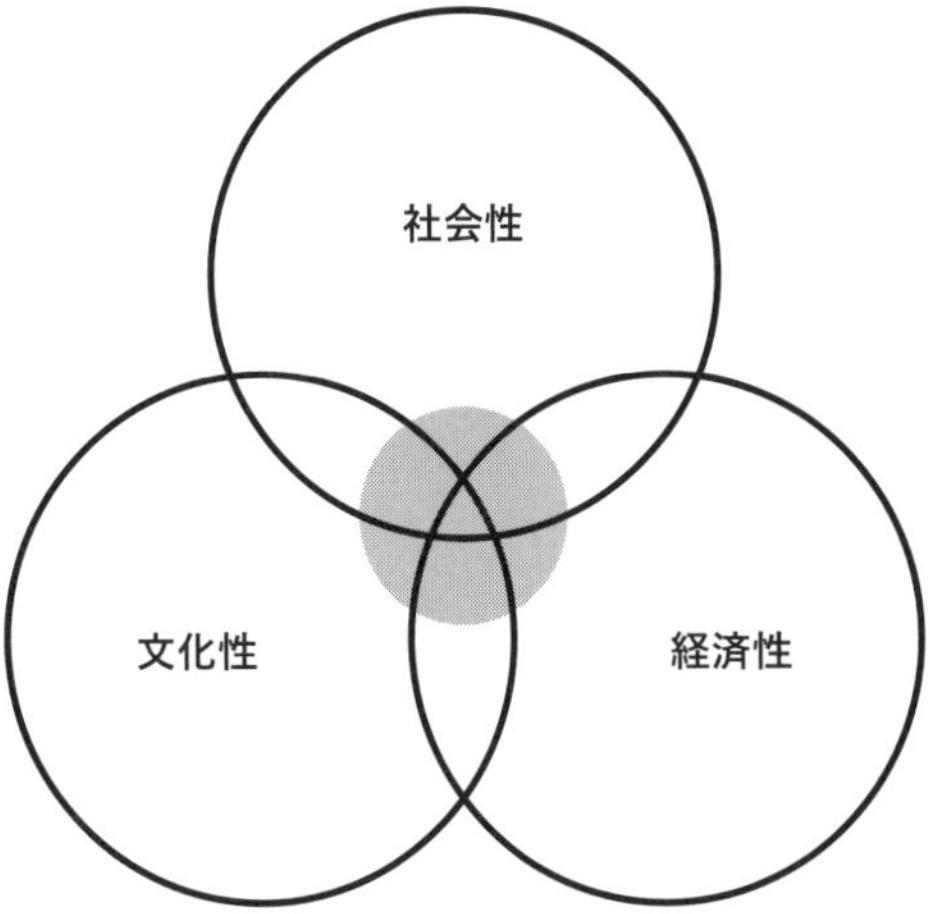

することができるか。社会性とは、企業側の論理ではなく、社会に対して提供できる価値を考えることです。経済性は利益の追求にあたります。

企業は社会的な存在であるため、利益追求だけではなく、世の中にとってどういう意味を持つかが重要となります。文化や社会でどんな意味を持てるかといった客観的な視点も持つことで、企業は〝より良く〟の思想を実践することができるようになるのです。これが経営における「美しさ」を追求するということです。

とくに現代は、「経営にも美意識が必要だ」といわれています。世界の経済人が集まった二〇二〇年のダボス会議でも、株主配当を重視する単年度的な「株主資本主義」から、株主を含めた社会に対して価値を提供し、継続的に事業継続していく「ステークホルダー資本主義」への移行が強調されました。いまの企業は顧客の他に、従業員や取引先、地域など、多様なステークホルダーに対して、どのような意義のある行動ができるのか。そういう点が厳しく求められています。

まずは「文化性・社会性・経済性」という三つの視点で、自社のビジネスをとらえ直してみましょう。自分たちの組織や事業は社会に向けた存在意義をもっているだろうか。人々の暮らしに貢献することができているだろうか。社員は働く喜びを感じられているだろうか。環境と調和したものづくりができているだろうか——。それらの問いが美意識の源泉となり、送り手と受け手の双方にとって価値となる「思い」を導くための第一歩となるのです。

デザインと日本文化の関係

こうして見出された「思い」は、言葉として掲げるだけでは意味がなく、その実現に向けて企業活動の中で実践していかなければなりません。組織文化への定着、採用活動、顧客接点でのメッセージ伝達、商品開発など、あらゆる工程で自社が向かうべき方向性を表明・共有していくのです。

このプロセス全体の実践が「デザインを経営に導入する」ということです。

デザインの視点によって見つけた「思い」を経営戦略の中心に据えることで、企業は社会や生活者と豊かな関係を作っていける可能性が生まれ、それが結果としてビジネスにおいても有効な手段となります。

先行き不透明なだけでなく、コロナ禍のように社会とビジネスの関わり方を大きく考え直さなければならない時代にあって、すでに経営を科学合理的に考えるだけでは限界がきています。だからこそ、あくまで「人」を真ん中に置き、より良い暮らしをいかに実現していくかを考えるデザインの視点は、企業が人々の抱える課題を探り、より良い未来を主体的に計画するための方法論として欠かせないものになるでしょう。それがデザイン経営を提唱する私の考えです。

ところで、ここまで説明してきた「デザイン経営」とは、日本企業にとって、まったく新しいビジネスの考え方なのでしょうか。

じつは、そうではありません。

例えば、日本的な商売の姿勢を示す例として有名な近江商人の「三方よし」には、デザイン経営と通底する精神が見られます。

売り手よし・買い手よし・世間よし

商売をめぐる環境との調和を目指すことで、結果的に儲けられるとした近江商人の考え方は、「相手や社会の立場で考える」というデザインの基本に通じるところがあります。もっとさかのぼれば、聖徳太子の制定した十七条憲法の第一条は、「和をもって尊しと為す」です。西欧の一神教的文化圏とは違う、自分ではない他者を自然に慮ったりする文化的な土壌が日本にはあります。

先ほど、工業化社会の到来によって近代デザインが生まれたと説明しました。かつて欧米では、資本の論理が優先されすぎた結果、ビジネスと社会との調和が崩れそうになり、そのバランスを保つための運動としてデザインが発達した経緯があります。

一方、日本においてデザインは、近代になって輸入された新しい方法論としてとらえられています。しかし、その根底にある調和の精神は、「デザイン」という言葉こそ使われていなかったものの、日本の文化として脈々と受け継がれてきたものだったはずです。だからこそ、デザイン経営が提唱する内容は、日本企業にとって馴染みある文化のはずであり、じつは受け入れやすいものだとさえ思うのです。

第02章

「パーパス」から始めるデザイン経営

デザイン経営の四つの段階

デンマークの公的なデザイン支援機関であるデンマーク・デザイン・センターでは、企業におけるデザインの浸透度を「デザインラダー」という四つの段階で示しています。

このデザインラダーでは、「①デザインの活用なし」の企業が、「②スタイリングのデザイン」（見た目）から始め、次に「③プロセスのデザイン」（課題解決への貢献）、そして「④戦略としてのデザイン」（事業活動の方針を定める）とステージが進んでいくごとにデザインへの習熟度が増し、経営にもたらす価値も大きくなるとしています。

日本でも②だけでなく、③を実践する企業は増えてきており、近年では「デザイン思考」がビジネスの現場にも浸透してきました。

デザイン思考は、アメリカのデザインコンサルティングファーム「ＩＤＥＯ」が体系化し、世界に広めた方法論です。平たく言えば、デザインが持つ〝課題発見力〟に着目し、それを解決するためのプロトタイプを作りテストを繰り返すことで、連続的なイノベー

デザインラダー

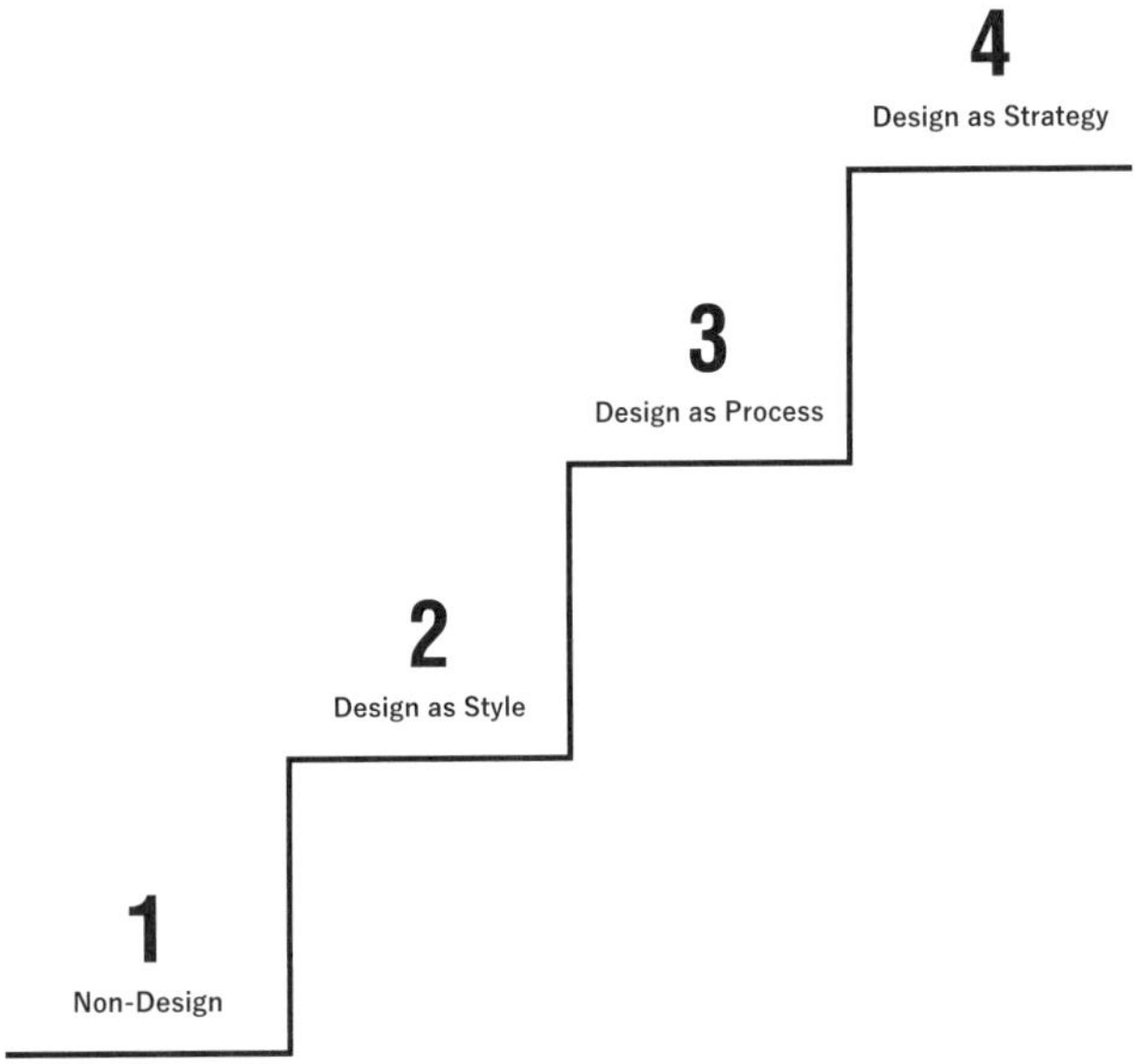
4
Design as Strategy
3
Design as Process
2
Design as Style
1
Non-Design

ションを実践していこうとする考え方です。二〇一〇年代には日本でも広まり、いまも様々な企業でデザイン思考のワークショップが開催されています。

しかし、ＩＤＥＯの会長ティム・ブラウンも言っているように、デザイン思考それ自体は、単なる「道具」でしかありません。もはや唯一の正解などない時代であることを受け入れたうえで、「失敗を恐れずに学び続ける姿勢」を戦略的に組織内に導入する。そこに本質があります。

デザイン経営を実践する企業として有名なダイソンでは、最初のサイクロン掃除機を世に出すまで、なんと、五一二七台のプロトタイプを作ったといいます。デザインを経営に導入しようとするなら、何よりも未知の挑戦を奨励するような組織文化を、新たな経営資源として育まなければならないのです。

ところが、経営陣がこのような心構えを持たないまま、「道具」だけを導入したらどうなるでしょうか。すでに「ワークショップばかりが繰り返され、実際の事業創出には結びつかない」「作り手の思いが欠落したプロダクトやサービスばかりが生み出される」といった〝手法の形骸化〟が課題として出てきています。

組織文化の構築と価値創造

あるいは、もしデザイン思考を組織的に導入するのではなく、誰かひとりの社員の思いつきで始めてしまったらどうでしょう？　それでもいい製品が生まれる可能性はあります。しかし、ひとりだけが方法論を身につけても、その社員がいなくなれば知識もスキルも失われてしまいます。さらに言えば、そもそもひとりだけの思いつきでは事業を動かすことはできません。

だから、「作りながら考える」というデザイン思考の方法論は、その効果を真に発揮するための組織文化の構築とセットで導入されなければならないのです。それはデザインの創造性と美意識が切り離せないことと同様です。

もちろん、大企業の場合は組織文化の変革に時間がかかります。まずは新規事業においてデザイン思考などの手法を試すなど、小さな成功体験を積み重ねていき、新しい価値観を組織内に徐々に浸透させていくといった方法が考えられます。一方、中小企業の場合は経営陣の意向が反映されやすいため、トップダウンによる改革が重要になっていくでしょう。

いずれにせよ、組織文化の構築とトライ&エラーを繰り返す価値創造はバラバラではなく、どちらも経営陣が主導すべき〝経営戦略〟として欠かせないものです。それがデザイン経営を実践する際の重要なポイントです。

しかし、どちらか一方だけでも大変なのに、その両方を行っていく必要があると聞けば、気の遠くなるような思いを抱くかもしれません。

実際に、組織文化の形成と価値創造では、経営陣においても従業員においても、やるべきことは異なります。その複雑な工程を実践していくためには、組織が一体となって目指すべき「指針」がなくてはなりません。

従来、それは「ビジョン」や「ミッション」と呼ばれてきました。

ビジョンとは、自社が目指す「こうありたい」という理想像を示したものであり、ミッションとは、世の中で自社が果たすべき役割を定義した言葉です。どちらも自らのあり方を一人称で定めているところに共通点があります。

しかし、より複雑さを増していく社会にあって、私は「ビジョン」や「ミッション」だけでは、企業の指針として十分ではないと感じています。

前章で、デザイン経営では、事業の根底にある「思い」が重要になると述べました。この「思い」とは、企業が目指す理想像を、生活者や社会といった様々なステークホルダーとの関係の中で見つめ直した末に見出されるものです。

つまり、企業が一方的に打ち出したものではなく、受け手との双方向の関係性の中で考えたものではなければ、「思い」は価値を持ちません。「お客さんにこういう価値を届けたい」という送り手側の思いと、「こういう価値を提供してくれる（から手に入れたい）」という受け手側の期待。それが重なったときに、その企業の提供する製品やサービスは、お客さんの中で他に替えられないもの、「ブランド」となります。

ただ、これはいわゆる「顧客志向」とはちょっと違います。

顧客志向とは、あくまで送り手側から受け手側のことを考えるスタンスです。いまの企業は顧客のニーズに応えるだけでなく、社会課題への姿勢や従業員の働き方まで厳しく問われるようになりました。そのような時代において、この複雑な問題を解くためには、送り手と受け手の中間に立ち、ニュートラルな視点であらゆる関係性の最適解を見つけなければなりません。

デザイン経営概念図

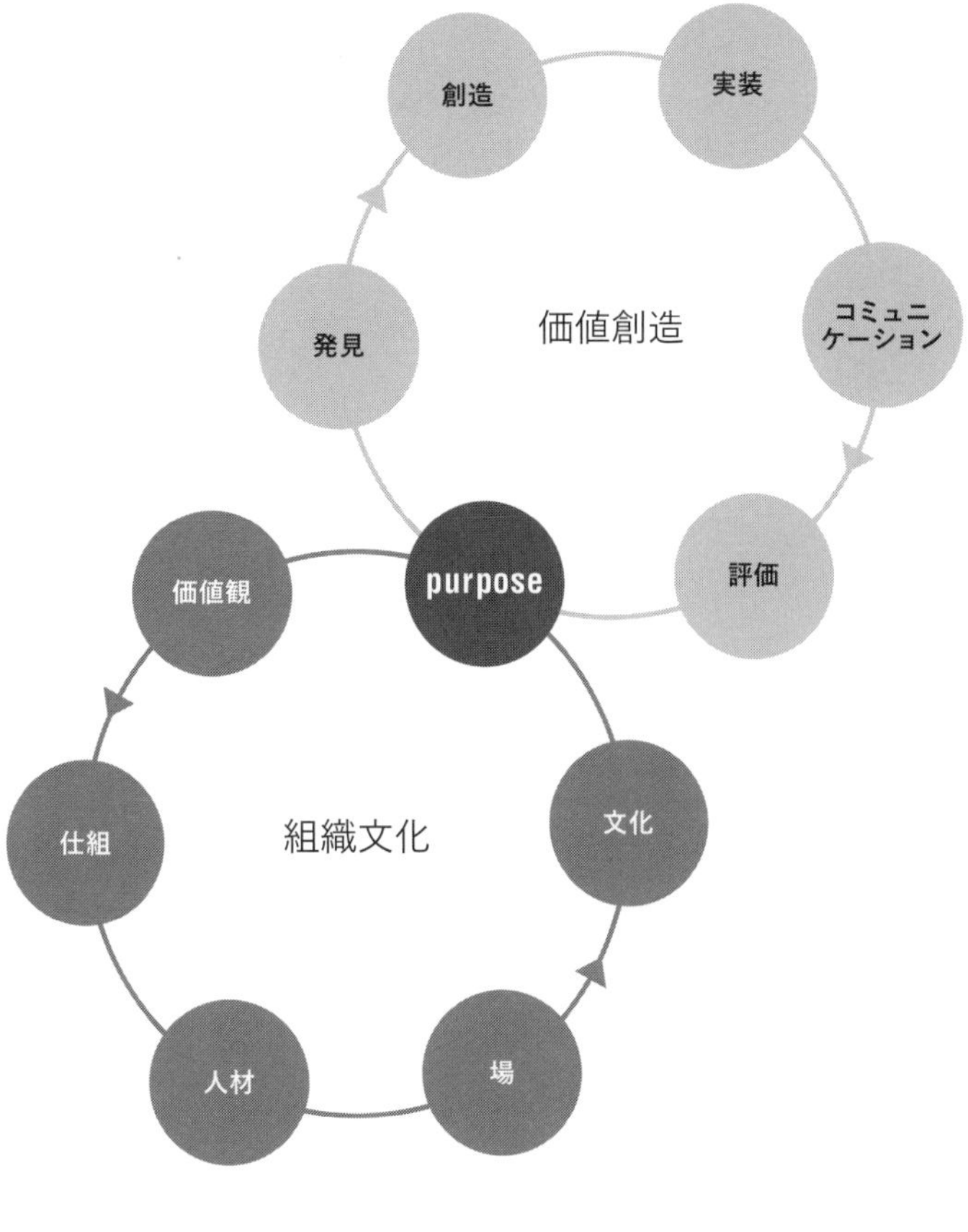
価値創造
発見
創造
実装
コミュニケーション
評価
purpose
組織文化
価値観
仕組
人材
場
文化

企業と生活者の真ん中に身を置き、送り手側が提供したいことが独りよがりになっていないか、受け手は本当にそれを求めているのか。そんなことを考える必要があります。だから、一人称で定められた「ビジョン」や「ミッション」を考えるだけでは、これからの企業の指針として十分ではないのです。

では、デザイン経営の中心にあり、組織の指針となるべきものは何か。

それは「パーパス」です。

右ページをご覧ください。これがデザイン経営の概念図です。

企業のパーパスを見定め、それを基点とした組織文化を構築し、新たな価値を創造し続ける経営手法。それがデザイン経営なのです。

いまの時代にパーパスが欠かせない理由

パーパス（Purpose）とは、「社会における企業やブランドの存在意義」を意味しています。従来の「ビジョン」や「ミッション」とも近い概念ですが、大きな違いは、それが第三者からの視点をより強く意識したものだという点にあります。

ミッションは企業における憲法のようなものです。経営理念や社是といった言葉で掲げられることもあり、その企業が何のために存在するのか定めた不動点として機能します。ビジョンは組織が達成すべき目標を明文化することで、経営に求心力を生みます。

それに対して、パーパスは英語の語源が、「前に（pur）」「置く（pose）」であるように、前進する先の目的を定義します。パーパスとは単に自社が何者であるか明示するだけでなく、「自社は社会にどんなことを働きかけたいのか」を言葉にしたものであるといえます。自社やブランドが、この社会になぜ存在しているのか。もっと言えば、この社会で何を実現するために存在しているのか。それを明らかにし、組織が向かうべき指針として掲げるものが「パーパス」なのです。

パーパスを定義することは、そのままデザイン経営の要点である、ブランディングとイノベーションの実現につながっていきます。

組織が目指すべき先が明確になることで、その目標に共感する輪が生まれ、従業員や顧客との結びつきを強くすることができます（ブランディング）。新規事業の創出に向けて

パーパスとビジョン・ミッション

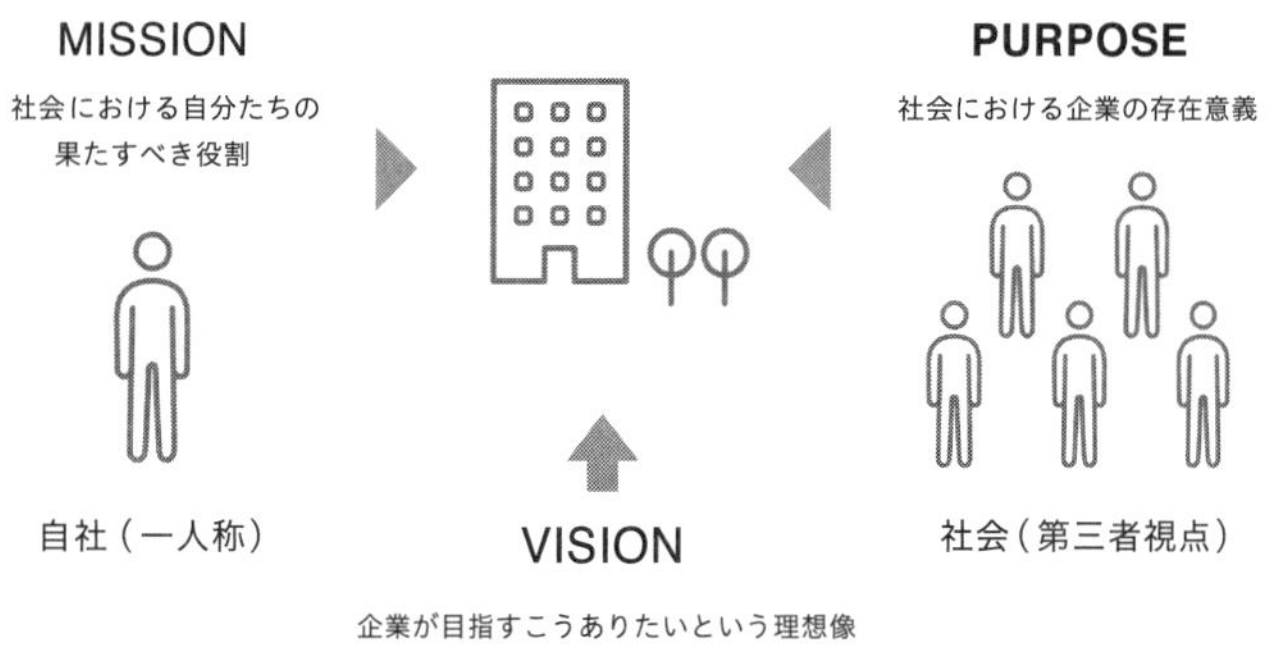

トライ&エラーを繰り返すうえでも、具体的なゴールが言語化され明確であれば、アイデア創出の出発点が明確になります（イノベーション）。また、優れたパーパスはモチベーションを持って仕事をする燃料にもなります。出されたアイデアの評価も、パーパスという基準点があることでやりやすくなるでしょう。

自社だけでなく、いろんな組織や個人との協業を行っていく「オープンイノベーション」の観点からも、達成すべき目標が明示されていると、外の人を巻き込みやすいというメリットがあります。

このように「社会をこう変えたい」と掲げるパーパスを中心に置くことで、デザイン経営は組織文化の構築と、事業を通じた価値創造の両方に寄与できるようになります。

「なぜ、その事業をしているのですか？」

そのパーパスを考えるうえでヒントになるのが、コンサルタントであり、『WHYから始めよ！』の著書で有名なサイモン・シネックによる「ゴールデン・サークル理論」です。

シネックによると、多くの人は「What（何をするのか）」「How（どうやるのか）」は分かっていても、肝心の「Why（なぜそれをするのか）」を説明できる人はほとんどいないといいます。その一方で、人々に行動を促すリーダーは皆、共通して「Why」から説明を始め、次に「How」「What」という順番で語るという特徴があるそうです。

彼はこの理論について、アメリカのトークイベント「TED」に登壇した際、アップルを例にこう説明しました。

〈もしアップルが他の会社と変わらなかったら、こんなCMを作るでしょう。「我々のコンピューターは素晴らしい（What）」「美しくユーザーフレンドリーです（How）」「ひとついかがですか？」。これでは誰も欲しがりません。

アップルならこのように伝えます。「我々の行動はすべて、世界を変えるという信念に基づいています（Why）」「我々が世界を変える手段とは、美しくデザインされ、簡単に使える、ユーザーフレンドリーな製品を提供することです（How）」「こうして素晴らしいコンピューターができあがりました（What）」「ひとついかがですか？」。どうでしょう？　買いたくなりますよね。〉

シネックはアップルがあらゆる活動において、常に「Why」の説明から始めていると指摘しています。彼の言う「Why」とは、製品やサービスの背景にある企業の「思い」です。社会をこのように「より良く」していきたいという「思い」。まずそこから語りかけることで、アップルはコンピューターというコモディティ製品でも、他社との差別化に成功しているのです。

国内外企業のパーパス

では、世の中の企業はどのようなパーパスを持っているのでしょうか。いくつか有名企業のパーパスを見てみましょう。

「私たちは、故郷である地球を救うためにビジネスを営む」パタゴニア

「食の持つ力で、現在そしてこれからの世代のすべての人々の生活の質を高めていきます」ネスレ

「サステナビリティを暮らしの〝あたりまえ〟に」ユニリーバ

「クリエイティビティとテクノロジーの力で、世界を感動で満たす」ソニー

「日本の工芸を元気にする！」中川政七商店

ブランディングの成功例として必ずと言っていいほど登場するアップルは、意外にもパーパスを明文化し、対外的に発表したことはありません。それどころか明確なミッションやビジョンもありません。

その代わり、アップルにおいては創業者スティーブ・ジョブズの言葉が、組織が社会の中で果たすべき目標、いわゆるパーパスに該当しています。彼の言葉はひとつひとつがブランドのあり方を規定しており、その「思い」がブランドにとって最も大切なものとして

いまも受け継がれていることは、アップルの経営を見れば明白です。

ジョブズは一九八〇年代のインタビューで、こう語っています。

「To make a contribution to the world by making tools for the mind that advance humankind」

（人類を前進させようという志に応えるツールを創造し続けることで、世界へ貢献する）

世界に対して自分たちは何をしていくか。それをはっきりと明言することで、アップルは経営において強い求心力を持ち、顧客だけでなく従業員からも高いロイヤリティを保ち続けているのです。

これら先進的な企業のパーパスには、前向きな変化を奨励するものであるという共通点を見出すことができます。組織内外の人を惹き付ける求心力を経営にもたらすためには、自分たちは「社会をどのように〝より良く〟していきたいのか」を表明し、経営陣も含めた社員ひとりひとりの行動を規定する言葉である必要があるのです。

パーパスを掲げて成長したD2Cブランド

主に海外のファッション分野で台頭してきたD2C（Direct to Consumer＝ネットを活用した直接販売）のブランドも、パーパスを掲げることで急成長を実現してきました。

その代表例であるアメリカのアイウェアブランド「ワービー・パーカー」は、「誰もが見る権利を持っている」という理念を掲げています。

このパーパスは一見すると、メガネを提供する会社として、当たり前の姿勢を表明しただけのものに感じるかもしれません。ただ、ブランド設立の目的に「社会性を重視したやり方で、高品質のアイウェアを革新的な価格で提供する」とも明記されているように、それはあくまで社会や文化への貢献という視点を踏まえたものです。

まず、彼らは良い品質のメガネを誰もが手の届くものにするため、オンラインを中心に展開しました。製造と販売の間にいる仲介業者を通さないことで、高品質な製品を一般の水準よりも低価格で提供したのです。

機能や価格だけでなく、ワービー・パーカーは顧客とのあらゆる接点でも、ブランドの世界観を感じてもらえるようにデザインしています。有名な作家ジャック・ケルアックの小説の登場人物からブランド名をとり、オンラインストアや実店舗を文学や本をベースにした世界観で構築。顧客体験をワクワクできるものにデザインすることで、「誰もが手の届く」というメッセージを言葉だけでなく体験で感じさせています。

そして、彼らは理念を社会に実装するため、「Buy a pair, Give a pair」というプログラムも実施しました。それは同ブランドのメガネをひとつ買うと、発展途上国にメガネがひとつ寄付されるというものです。メガネを必要としているのに手に入れることができていない人は世界で一〇億人いるといわれています。このような社会問題に対して慈善事業ではなく、ブランドの〝本業〟を通じて取り組むことで、ワービー・パーカーは新興ブランドにもかかわらず、若い世代を中心に大きな支持を集めています。

このような外側から観察できる「カタチのデザイン」のユニークさは、あくまでも確固とした「考えのデザイン」から導かれることで一貫性を持ち、競合とは一線を画した強いブランド力の形成につながっています。単に〝いいこと〟をしているからブランドになっているわけではないのです。現在、ワービー・パーカーはD2Cブランドの枠を超え、アップルやグーグルなどと並ぶ、「世界におけるイノベーティブな企業」とも評されるほどに成長しています。

こうしたパーパス主導型のスタートアップは、アメリカを中心に世界中で増え続けています。そして、彼らはいずれも言葉として掲げたパーパスと、実際の企業活動をあらゆる面で一致させることで共感を呼び、ビジネスとしても成功を収めているのです。

パーパスは企業の中から探り出す

多様化・複雑化する社会において、様々な企業がパーパスを中心に置き、事業を通じて世の中に変化を促そうとしている。そして、そこに共感の輪ができ魅力的なブランドが形成されている現状を見てきました。次に考えるべきは、そんなパーパスをどのように見出せばいいのか、ということになるでしょう。

そこで役立つのも、デザインの視点です。

より正確に言えば、パーパスを定義することそれ自体が、デザインの重要性を認識し、その方法論を経営に導入するための入り口となります。

パーパスは、企業が社会へ働きかけたい目標を明らかにした言葉です。それは企業が社会や生活者と共有できる未来像を描くことであり、〝より良く〟を追求するデザインの考え方とも重なります。

先ほど「これからの企業は、送り手と受け手の中間に立ち、ニュートラルな視点であらゆる関係性の最適解を見つけなければならない」と言いました。これがまさにデザイナーの立場に該当します。

デザイナーは送り手側の立場に身を置きながら、同時に受け手側の立場でも考えます。送り手側だけにも属さないし、受け手側だけにも偏りません。ひとりが二つの立場から考えるのがデザイナーなのです。これは個人の資質の問題ではなく、その原点からして「社会に対する思想」でもあったデザインという方法論が持つ構造的な特性です。

デザインは歴史を重ねる中で、企業と生活者だけでなく、社会全体をニュートラルに見つめ、そのうえで最適解を探る方法論として進化してきました。このニュートラルな視点こそが、企業がパーパスを見定める際に役立ちます。

とはいえ、いきなり「ニュートラルな視点から見る」と言われても、どうすればいいのかイメージしづらいでしょう。

私は普段の仕事で、いきなりブランドの価値を定義したり、ロゴや製品のデザインを作り始めたりすることはありません。どんなに時間がなくても、最初は「インプット」に力を入れます。どれだけクライアントの企業について多くのことを知ることができるか。それがプロジェクトの成否を決めるからです。

それに、パーパスは〝作り出す〟ものではなく、企業の中から〝探り出す〟ものです。ブランドや事業の本質から離れ、見た目だけをきれいに整えたデザインが魅力的なものにならないように、普段の企業活動とかけ離れたところでパーパスを作り出しても、それこそ生活者から、言葉だけの「きれいごと」と見抜かれてしまい、自分たち自身にとっても意味のないものになってしまいます。

私自身が情報をインプットしていく際、意識している視点の持ち方があります。

それは「歴史」「機能」「文化」「社会」「関係」の五つの視点から立体的に全体像を掴んでいく方法です。そうすることで全体を俯瞰しつつ、その企業にとって重要な価値を深く掘っていくことができます。順に説明していきましょう。

インプットのための五つの視点

①歴史：起源や歴史を見つめる

企業やブランドには創業からの歴史があります。どんなものも過去から現在を経て、未来につながっていきます。何のために会社や製品を作ったのか。どんな変遷があったのか。原点を知ることから始めましょう。

私自身はクライアントの組織外の立場なので、関連資料などはしっかりと読み込み、企業のトップや事業の責任者に取材するなどしています。とくに、創業者が書いた記録などがあれば必ず読みます。そこには創業への思い、経営の信念、苦労などが描かれているからです。社内の人が取り組む際にも、単に自社の歴史を分析するだけに留まらず、その背景にある人々の「思い」を知ろうとすることが大切です。

②機能：自社の本業は何か考える

その企業は、そもそも何を本業としているのでしょうか。事業拡大、M&Aによる異なる企業文化の融合、経営の多角化など、様々な要因で事業内容が曖昧になっている会社は多いものです。事業の本質をあらためて理解しておくのは大切なプロセスです。

そのうえで現在の事業が生活者の期待や欲求に応えるものになっているか客観的に考えてみましょう。問題を抱えた企業は、ここがズレていることが多い傾向があります。自身の存在意義を統合的に再定義するためには、この「機能」の視点が根幹をなします。

③文化：どんな暮らしを提案できるか

文化性、社会性という視点は、前章でもデザインの軸として説明しました。この二つの視点は今後ますます重要になります。企業が社会に受け入れられ、長く共存していくために不可欠な要素だからです。

文化に関するインプットでは、その企業が人々にどんな新しい価値観やライフスタイルをもたらすか、どのように暮らしを豊かにするのかを探ります。長く愛される企業は、価格や流行だけが理由ではなく、そこから生まれた事業や製品が、人々の暮らしや生き方に何らかの良い影響をもたらしています。そこを探るのです。

これは世の中の大きな潮流の中で考えていくことが重要です。現代の底流にある価値観や、今後はどうなっていくのだろうということを理解したうえで、これから自社が担うべき文化的役割を検討していきましょう。

④ 社会：世の中にどう役立つのか

その企業が、コミュニティや社会に対してどんな役割を担えるか。どんな公共的な価値を持っているか。そして、社会にある様々な課題に対してどんな貢献ができるか。そこを考える視点です。

ビジョンやミッションがすでにある企業なら、自社の「こうありたい」という思いが、送り手側の論理だけでなく、世の中にとっての価値にまで昇華されているか確認しましょう。現代の社会問題は多岐にわたっています。毎日のように新たな課題が生まれ、常に解決に取り組み続けなければなりません。企業がその解決に何らかの貢献ができないか考えてみるのです。

加えて、文化・社会という視点でのインプットは、組織内のインナーブランディングにも関係します。人は売上だけをモチベーションに仕事を続けることはできず、社員に働く意味や意義をもたらすことも、経営の大きな役割だからです。

⑤関係：受け手側から見つめ直す

これまで集めてきた「歴史」「機能」「文化」「社会」の視点から得られた事実や情報を、生活者やステークホルダー（取引先や従業員も含む）といった受け手側からあらためてとらえ直す視点です。これは受け手と企業がどんな関係性や絆を築けているか考察する視点ともいえます。

そもそも自分たちの企業はどれくらいの人々に知られているのか。世の中からどういう評価をされているのか。自分たちの思いと、受け手との期待の間にギャップはないか。経営陣と従業員との間でもズレはないか。取引先や関連会社からはどうか。なぜ他社ではなく自社が選ばれているのか。逆になぜ自社は選ばれないのか。

企業の仕事の場合だと定量調査や定性調査をしたり、自分自身の実感から考えたりして、この「関係」を見つめ直していきます。様々な視点からインプットしたうえで、それらを受け手側の立場から読み解いてみると、また新たな気付きがあるでしょう。

インプットから最適解を導き出す

こうして集まった膨大な情報は、それぞれ「歴史」「機能」「文化」「社会」「関係」の棚に分け、必要に応じて出し入れできる状態にしておきます。ノートやパソコン上などで実際に分類しておくといいでしょう。

この五つの引き出しにはパーパスの種になりそうな企業の「思い」とおぼしき仮説があちこちに散らばっています。ここからどうやって最適解を見つけ出すのか。私自身がプランニングの際、とくに意識しているのが「視点移動」です。

例えば、ぐっと引く「鳥の目」と、ぐっと近付く「虫の目」で考えてみる。

鳥のように高い場所から、組織の全体像や将来像を見つめてみます。企業の都合を離れ、文化への貢献や社会の中での役割を客観的に見直すことができるでしょう。日々のビジネスの状況、現場の雰囲気、誰かが漏らした一言といった、虫のようにミクロな視点から得られた気付きは、ビジネスとしてのリアリティの検証材料になります。

また、「主観」と「客観」を絶えず切り替えて考えることも重要です。

デザインにおいても、主観と客観というのは、大きな主題です。優れたデザイナーは自分の考えやアイデアの評価と、社会の評価と一致しているということです。つまり、主観と客観のズレを無くすのが、優れたものを生み出すプロセスにおいては、最も重要なことなのです。例えばデザイナーにおいても、自分が考えたアイデアは大事にしがちで、面白いと感じると脳が反応し、どんどん深めていきたくなります。しかし、主観にこだわりすぎると、そのアイデアを容易には捨てられなくなってしまいます。次第にアイデアに固執し、客観的な視点から判断できなくなってしまうのです。

では、その過ちからいかにして逃れるのか。これはデザインの手法でもあるのですが、一度、脳内で考えたアイデアをアウトプットしてみるのです。紙に書くだけでも大丈夫です。パソコンの場合は印刷してテーブルに置いて眺めてみましょう。アイデアを自分の外に置いてみる、つまり対象化することで、少し冷静になって判断することができます。

アイデアは主観からしか生まれません。しかし、これがジレンマなのですが、主観にとどまっていては評価ができないのです。評価とは客観的なものだからです。

私は、自分がデザインの仕事をする際には、デザインしたものを少し時間を置いてから見てみます。場合によっては、一週間ほど間を空けることもあります。そうすると、随分と引いた目で見られるようになります。アイデアを自分の外に置き、再度見たときに直感的に思ったことを客観的な評価とするのです。

このほかにも、過去と未来、理想と現実、大きな単位と小さな単位など、様々な視点から検証していきます。同じ角度から眺めていても何の変化も起こりません。視点を変えてみることで、思いもよらない発見が生まれてくるでしょう。そのプロセスを経て言語化することは、それだけで創造に向けた一歩を踏み出しています。ビジネスの視点だけでしか見ていなかった現状に対して、他からの視点が入ることで、気付きが生まれるからです。もしくは、経営者や社員が心の奥底にあっても言語化できていなかったものが、言語化されることになるからです。

そして、パーパスになりそうな言葉を探り当てたときも、複数の視点から検証します。

自分たちの企業らしさや個性が反映されているか。
組織内外の人から共感されるものになっているか。
日々の事業活動で実現できるものになっているか。

このように複眼的に振り返ることで、パーパスを言葉だけの「きれいごと」ではない、事業を駆動させる力を持ったものとしていくことができます。

外部からの視点を組織に取り入れる

とはいえ、自社のことはあまりに身近すぎて、自分たち自身では魅力を認識しづらいという問題もあるでしょう。そのときは外部の視点を入れることで、経営者も意識していなかった価値を再発見できることがあります。

理想は、組織の仕組み自体にデザイナーの持つ客観的な視点を取り入れることです。『宣言』でも提言していますが、「経営チームにデザイン責任者（CDO＝Chief Design Officer）を置く」ことで、組織の論理から離れた評価を行えます。これまで述べてきたような多様な視点から〝より良い〟を考えられるのが、優秀なデザイナーだからです。

ただ、『宣言』では、社内にデザイン部門を抱えているメーカーなどの大企業を想定していました。そのように大きな組織では、経営の川下に置かれているデザイナーを、もっと上流の工程からプロジェクトに参加させ、マネジメント層と直接意見のやりとりができるポジションに就かせることが重要です。

中小企業のように、組織の中にCDOのような立場の人を置くことが難しくても、経営の外部アドバイザーのようなかたちで、信頼できるデザイナーをパートナーに置いてみる。それだけでも経営に新鮮な視点をもたらしてくれます。

経営者にデザインセンスをもたらす三つの力

そして、できるならばパーパスを考え、実践する経営者自身が、デザインのスキルとマインドを身に付けてほしいと思います。

デザインは専門知ではありますが、それを抽象化・一般化した「デザイン思考」が普及したように、すべてが特殊技能というわけではなく、ビジネスに役立つ思考法として習得できるものがたくさんあります。

その中でも経営者にとって、とくに変化の時代の舵取りに必要となるのは、「Feel」

「Imagine」「Create」という三つの力です。

すべてのベースになるのは「Feel」、感じ取り、共感する力です。デザインは様々な物事を〝より良く〟するための方法論です。そのとき何に違和感を覚え、何を課題とすべきか。その感性の能力が「Feel」にあたります。

新しいものを生み出すためには、まず現状をそのまま受け入れるのではなく、「何かおかしいな」と疑う、心のセンサーを常に働かせていなければなりません。そうやって物事を多面的に観察することで、普通なら見落としてしまうような課題を察知するのです。

自分が覚えた些細な違和感をどうしたら取り除くことができるのか。その発想こそが、あなたの創造性が立ち上がる起点になります。

しかし、多くのビジネスパーソンの場合、こういった日常での気付きが重要だと頭では認識していても、普段の仕事では業務効率化のベクトルが強く働き、無意識に自分の感性を抑制してしまっています。いわば、「心の声」に蓋をすることが当たり前になっているのです。

これでは「人から考える」というデザインの方法論を実践することはできません。

デザインマインドセット

feel

現状を疑って問題意識を持ち、
普段なら見落とすようなことを
感じ取っていく

imagine

受け取った人はどう思うだろうか、
どんな風に使われるだろうか
といった想像をする

create

経験することが大事
勇気を持って、
どんどん形にしていく

課題に気付き、カタチにする

自分が〝組織の人間〟としてではなく、〝ひとりの生活者〟として感じている課題に気付く力が「Feel」であるとするなら、それはどうやって鍛えられるのか。そのためのヒントは、決して特別なことではなく、私たちの日々の暮らしの中に転がっています。

いちばん大事なことは、日常の中の「Feel」です。暮らしや仕事で覚えた違和感をメモするクセをつけるといいでしょう。

また、デザインの活用で有名なある企業の代表は以前、「デザイナーが新聞を読まないなんて信じられない」と言いました。新聞は社会課題の宝庫です。そして、デザイナーの役割は、様々な社会課題を咀嚼し、それに対する具体的なアクションを考案することにあります。つまり、デザイナーにとって新聞はアイデアの宝庫でもあるのです。これは非デザイナーの方にもヒントになる考え方だと思います。

例えば、プラスチック製品の環境汚染が問題になっているという記事を読んだら、「プラスチックを使用しない製品が求められるようになるだろう」と考え、それが自社だったらどんな製品になるか想像してみる。「新聞を読む」という単純なことからでも、自分ごとに引き付けて考える視点を持つことができます。

優れたデザイナーは優れた課題発見者でもあります。その一方、効率よく生きるため、感覚を閉じていくのはストレスを避ける脳の自然な働きです。だから、意識的に感覚を開く習慣を身につけることで、日常の中の違和感に気付き、そこから課題を発見するデザイナーのスキル、すなわち「Feel」の力を鍛えることができるのです。

そうして発見した課題を具体的な事業や製品につなげていくのが「Imagine」、想像し、構想する力です。

日常で覚えた違和感をそのままにしておくのではなく、一歩踏み込んで、「どうしたら良くなるだろう」「こんなやり方はどうか」「こんなやり方もあるんじゃないか」と想像を膨らませましょう。これには特別なスキルが必要なわけではありません。「今日の食事はどこに行こうかな」と目的や状況を想定してあれこれシチュエーションを頭に描いてみるのと大きな違いはないのです。あくまで自由に、かつ具体的に想像していきます。

また、「imagine」は、その次のステップでも有効です。

新しい製品やサービスを作るときなら、「これを初めて受け取った人はどう思うだろうか」「どんなふうに使われるだろうか」と受け手側の立場での想像も次々と膨らませてみます。頭の中で具体的なカタチとしてイメージしてみるのです。食事の例を続ければ、自分の楽しさだけでなく、「招いた友人は、この店を喜んでくれるだろうか」「どのメニューを選ぶだろうか」と相手の気持ちを想像しながら考えるようなことです。

大切なことは、アイデアのユニークさだけでなく、それが使われている状況と合わせて考えてみることです。たとえアイデアが画期的でも、実際に使われないものになってしまってはデザインとしては失敗しています。受け手側の視点から「どのように使われるか」もイメージすることで、アイデアを実装につなげていくことができます。

最後が「Create」、実際にカタチにする力です。

再三お伝えしているように、なにごとも具体化しなければ始まりません。しかし、考えたことを具体化するのは難しいものです。ここで大切なのは、少しずつ段階を踏むことです。デザイナーも、いきなり完成形を目指すわけではなく、まずは手元の紙にスケッチすることから始めます。それを少しずつ具体的にしながら、ブラッシュアップしていきます。

ポイントは、企画書の段階で終わらせず、そこから実際にカタチにする一歩を踏み出すことです。

何かを具体にして、それを他人の目にさらす行為はとても勇気が要ることです。それだけに、このカタチでいいのだろうかなど悩んで手が止まってしまうかもしれません。

しかし、ここで重要なのは、あまりこだわりすぎず、アイデアを練る過程でも、とりあえずカタチにしてみることです。もちろん、自分でカタチにすることができない人は、デザイナーやエンジニアの手を借りてもいいでしょう。

構想されたアイデアは、目に見えるものになることで理解が深まったり、次の新たな構想へとつながったりしていきます。あるいは、カタチにする過程で問題点や改善点が見つかることもあります。

いまは製品やサービス単体ではなく、それが提供される過程も含めた「顧客体験」全体で企業が評価されます。生活者にとって理想的な体験を描き、UI・UXの改善を通じて提供価値をアップデートすることはますます求められていくでしょう。「Create」の力はものづくり企業だけでなく、あらゆる企業にとって欠かせない時代になったのです。

デザイン経営はパーパスから始まる

経営者が「Feel」「Imagine」のセンスと、それを具体的な「Create」につなげていく勇気を持てば、その企業は必ず前向きな変化を遂げていけるはずです。少なくとも、こういったデザイナーのマインドセットを普段から意識しておくだけでも、視界は広がります。

それはパーパスを探り出すうえでも力になるのです。

そして、パーパスを通じて、どのように社会を、人々の暮らしを、より良くしていきたいのか。先行き不透明な時代だからこそ、組織のリーダーはその方向を示さなければなりません。

創業まもないベンチャー企業のように、たった数人で事業を行っているなら、対外的にパーパスを打ち出す必要はないでしょう。しかし、チームとして、ときには社外の人材も巻き込んでいきながら事業を行っていくためには、トップはみんなが進むべき道を指し示す必要があります。それが「デザイン経営」の中心にパーパスがある理由です。

もちろん、パーパスさえあれば安泰というわけではありません。

パーパスはあくまで企業活動の土台です。これが経営の中心に置かれたとき、デザイン経営のデザインは〝より良く〟の実現に向けて具体的に動き始めます。

より良くを実現するための組織文化、より良くを実現するための採用・育成活動、より良くを実現するための製品・サービス開発……。社会や暮らしにポジティブな変化をもたらそうとする意志を基点に、それに共感した仲間が集まり、独自の文化を作る。そのメンバーが社会実装に邁進することで新しい価値が世の中に提供され、企業やブランドへのファンが増えていく。〝より良く〟の意志のもと、そのような好循環が作り出されます。

この継続的なブランディングとイノベーションの創出が、デザイン経営の目指すものであり、それはまず「パーパス」から始まるのです。

デザイン経営で生まれ変わったある病院

このようなパーパスを基点にしたデザイン経営の例として、私たちがリブランディングに関わった「ＨＩＴＯ病院」のケースから振り返ってみましょう。

愛媛県四国中央市の「石川病院」は、一九七六年の創業以来、二次救急病院として地域の医療を支えてきましたが、二〇〇九年に地域医療再生計画における病床再編・統合計画のもと、地域の大規模中核病院として生まれ変わることが決定しました。一〇〇床以上も増床するだけでなく、緩和ケア病棟も新設。この大きなリニューアルのタイミングで、すべてを一新したいという石川賀代理事長の依頼を受け、プロジェクトが始まりました。

私たち自身、病院の仕事は初めてのことでした。そこでまずは現在の医療の現場について知ることから着手しました。本を読むだけでなく、様々な病院を視察し、医療関係者へのヒアリングも重ねました。

インプットする際は、現場に行き、人々の話を聞く。つまり、リアルと接することがとくに重要です。「気付き」は日常のふとした瞬間にやってきます。論理で考えるのではなく、心とカラダで覚える違和感が気付きにつながるからです。このときも各地の病院を訪れる中で、どこの病院も機能的ではあるものの、画一的であることに肌感覚で気付くことができました。そこから何を変えていけばいいのかも見えてきました。

私たちが見つけた課題は、周辺の病院とは異なる独自価値の創出、良質な医療従事者の確保、そして地域の中核病院としてのリポジショニングです。より良い医療をするためには良い医師や看護師が必要で、そのためには他と違う、患者と働く人たちの双方にとって魅力的な病院であることを示す必要があるという考え方でした。

未来に向けた「思い」が経営を変える

私たちは現場の医師や看護師の方にヒアリングを重ねるうち、石川病院のリブランディングは、「誰も見捨てない」「患者を家族のように思う」といった、地域に根ざした医療機関ならではの理念を中心に置くのが良いのではないかと考えました。

ただ、このプロジェクトでは内装のデザインも担当することになっていたのですが、理念だけでは具体的なカタチに落とし込むことはできません。まだ、それがどんな肌ざわりや色を持ったものなのかという、ブランドの世界観やトーンとマナーまでは見えていませんでした。これは「考えのデザイン」から「カタチのデザイン」へと転換する部分です。

この課題を解決するためのヒントは、石川理事長の言葉にありました。

あるとき「美術館のような雰囲気を持った病院を作りたい」と口にされたのです。その一言ですべてがつながりました。

リサーチのため、都内のある大病院に行ったときのことです。いまでは多く見受けられるのですが、当時としては珍しく、院内にカフェチェーンの「タリーズ」がありました。この光景に他の病院では得られなかった強い印象を受けました。そこからは「病院であっても上質なサービスを提供する」という病院側の思いが感じられたからです。

その「カフェがある病院」の光景と石川理事長の「美術館のような病院」という言葉が重なり、新しい石川病院の「カタチのデザイン」が見えてきました。

石川理事長は「患者さんの気持ちまで考えた医療」を掲げ、空間の質にこだわった〝病院らしくない病院〟を理想としていました。「美術館のような病院」という言葉は、「患者を家族のように思う」という創業以来の理念とも重なります。

つまり、病院にやってくる人を〝患者〟という治療の対象者としてのみ捉えるのではなく、あくまで〝ひとりの人〟として向き合うということ。病院としての機能性や合理性を重視するだけでなく、空間の質にもこだわる。ひとりの人間としてもてなし、リスペクトする姿勢。そんな〝人を真ん中にした医療〟を中心にすることが、これから目指すべき独自価値であり、「新しい石川病院らしさ」であると考えたのです。

そこから生まれたのが、「ＨＩＴＯを中心に考え、社会に貢献する」というパーパスです。病院の名前にもなった「ＨＩＴＯ」とは〝人〟だけでなく、Humanity、Interaction、Trust、Opennessという新たな大切にすべき価値観であり、行動指針になる言葉の頭文字を取ったものでもあります。

このパーパスを病院のすべての接点でカタチにしていきました。ロゴや空間のデザイン、院内アイテムやコミュニケーションツール、ピクトグラムや診察券に至るまで、病院全体でパーパスをブランドアイデンティティとして具現化していきました。

こうして二〇一三年に「ＨＩＴＯ病院」が誕生しました。

変わったのは外見だけではありません。組織が目指すべき方向が明確になり、病院としてやるべきことがはっきりとしたことで、経営にも前向きな変化が生まれました。

パーパスの達成に向けた推進力を上げるため、翌年から経営企画室を理事長直轄の部署に変更。次代を担うサブリーダーの育成や新人教育を行うなど、組織文化の改革に取り組まれているほか、ＩＣＴ（情報通信技術）の活用による改革も実施。モバイル端末管理の導入やネットワークの見直しなどで生産性を向上させることで、まさに「ＨＩＴＯを中心に考え、社会に貢献」していける、より良い医療の実現を目指されています。

その結果、院内から「ＨＩＴＯ病院で働き続けたい」という声があがっているだけでなく、患者さんからも、「医師や看護師の対応が良くなった」「病室や診察室の居心地が良くなった」「今後も利用したい」などの評価が得られているそうです。また、そうしたポジティブな評判が積み重なっていったことで、新しいスタッフの応募や問い合わせも増加したと聞いています。

さらに、地元の民間企業との協業も行われています。コロナ禍において医療現場の必需品となったフェイスシールドを共同開発し、迅速な製品化を実現したことはニュースにもなりました。

病院という「デザイン」とはあまり縁がないと考えられがちな分野であっても、パーパスを基点にした改革を行うことで、これだけの成果が生まれました。その出発点は理事長、つまり経営者の「事業を通じて社会をより良くしたい」という「思い」です。

デザインで経営は変わります。この厳しい時代にあっても、未来に向けた「思い」をパーパスに変換し、それをカタチに変え、あらゆる面で固有の「らしさ」を作り出していくことができれば、これからの経営に明るい光が差していくと考えています。

HITO病院　ブランディング

HITO 病院

Humanity

患者さまを家族のように想い、温かく接します。

Interaction

患者さまとの対話を尊重し、相互理解に努めます。

Trust

技術と知識の研鑽に努め、信頼される医療を目指します。

Openness

心を開き、患者さまと公平に向き合います。

特別対談

パーパスが
持続的な経営の
王道になる

P&Gでブランドマネージャー、ソニーで全社横断の新規事業創出プログラムの立ち上げなどで活躍したのち、現在は共創型戦略デザインファーム「BIOTOPE」の代表を務める佐宗邦威さん。企業のミッション・ビジョンなどのDNAデザイン、創造的文化を作る組織デザインを専門とする佐宗さんと、パーパスを基点とした「デザイン経営」の可能性について語り合いました。

佐宗邦威（さそう・くにたけ）

BIOTOPE代表取締役社長兼チーフストラテジックデザイナー。東京大学法学部卒業、米イリノイ工科大学デザイン学科修士課程修了。P&Gのブランドマネージャーなどを務め、ソニーの新規事業創出プログラム（Sony Seed Acceleration Program）の立ち上げにも携わった後に独立。著書に『ひとりの妄想で未来は変わる』（日経BP）、『直感と論理をつなぐ思考法』（ダイヤモンド社）など

企業の何が共感ポイントなのか

永井　佐宗さんは常々、経営において組織の存在意義をデザインすることの重要性を強調されています。これは方法論の中心にパーパスを置くデザイン経営の考え方と近いのではないかと思い、こうしてお話をうかがう機会を設けさせていただきました。

佐宗　僕としてはデザイン経営の中心にパーパスがあるのは、ごく自然なことという印象です。その背景として、ブランディングをめぐる環境の変化から説明します。

僕はもともとP&Gのブランドマネージャーからキャリアを始めました。昔のブランディングは、市場に対して自分たちはどういうポジションを取るべきかという「ポジショニング」の概念が重要視されていました。売りたい消費財とその市場があって、その中でどういう意味付けをしたら購買の機会を最大化できるかという発想です。

しかし、インターネットの普及以降、社会に情報革命が起こり、機能性のアピールだけでは生活者に届かなくなりました。世の中に流通する情報量が増えすぎた結果、理性ではなく感性に訴えるコミュニケーションが必要になってきました。

永井　モノやサービスが過剰供給されたことにより、月並みなことをやっていては、誰も心が動かないし、選ばれなくもなってきたということですね。

佐宗　そうです。ソーシャルメディアが典型的ですが、良くも悪くも情報より感情が伝播しやすい社会になりました。そのため、「モノからコトへ」という言葉に象徴されるように、企業は製品の特徴を機能や価格ではなく体験で語るようになりました。

例えば、消臭剤はニオイを消すための製品ですが、これを「イヤなニオイを消すことで生活を豊かにする」といったコミュニケーションでアピールする。しかし、そうするとブランドの競合が同じカテゴリーの製品だけに留まらなくなります。アロマや美容関係のサービスだって競合になるかもしれない。そうなったとき、企業は生活者に共感してもらえるポイントをどう作っていけばいいのか。そこがいろんな企業が頭を悩ませているところです。

昔は機能や価格をアピールすればよかった。しかし、それはもう届かない。体験も飽和してきた。そう考えると、結局はブランドの人格が共感のポイントになるのだと思います。そのブランドは何を実現するために存在していて、将来はどういう価値を与えてくれるのか。そのブランドがいま何をしてくれるかという短期的な視点だけではなく、将来的に社会におけるどういう価値を実現したいのかという思想が伝わることで、人と人との関係のように長期的に付き合っていきましょう。そのメッセージが伝わることで、ブランドへの共感の輪が広がっていき、生活の中で自分なりの思想やスタイルを投影するメディアとなる。

新しいビジネスモデルとしてサブスクリプション（定額制課金）のサービスが増えているのも、この流れと関連しています。機能や価格では選ばれにくいから、企業はブランドが目指す理想の世界観や実現したい目標を語り続け、顧客にはそれを支援してもらうような関係を結ぶ。その結果、顧客の中からファンが生まれ、彼らが目的達成のための〝仲間〟になっていく。それがいまの時代のブランディングです。

この関係性の中心には、企業が社会に対して実現したいこと、つまり「パーパス」があります。以前なら、思想や信条はインナーブランディングの領域で、組織の内側に向かって発信されるものでした。しかし、いまの時代のブランディングでは、組織の内側と外側で発信するメッセージに差をつけないことで、ブランドへの共感者を増やしていくことを目指しています。だから、永井さんがデザイン経営の中心にパーパスを置かれたのも、ごく自然なことに感じられるわけです。

デザインは経営のOSである

永井　ありがとうございます。いまのご指摘には二つの視点があったと思います。ひとつは、時代の変化により、購買の瞬間を顧客体験のピークに持っていく付き合い方が崩れてしまい、中長期的な関係をいかに持つかということが大切になったということ。もうひとつは、ブランドへの共感者を増やすためには、企業と顧客の関係にあえて垣根を設けず、一緒に価値を作るように呼びかける必要があるということですね。

佐宗　昔のブランディングのモデルは、外からの見え方を変えるため、自分たちはどうするべきかという考え方だったと思います。明らかに中と外を分け、ブランディングは経営のタクティクス（戦術）のひとつだととらえられていました。しかし、そういう考え方でブランディングに取り組むと、どうしても企業活動に嘘や矛盾が見えてきてしまうんですよね。すると、いまの時代は言行一致していないとそれがすぐ見抜かれ炎上につながったりする。

だから、英語でオーセンティックと呼びますが、等身大で自分たちが素の状態で信じられる動機を訴えなければならないのです。こういう課題があるのはおかしい、それを一緒に解決していこうと伝える。いまの感情が伝播しやすい社会構造では、そのほうが有効だし、ブランディングとしても長続きできるのだと思います。

永井　まさにそこがデザインと経営が接点を持てるポイントです。デザインは経済性や利便性だけでなく、それが生活者や社会にとってどういう意味や価値があるのか、と問い直していく行為です。だから、デザインの方法論を経営に入れることで、その組織なりブランドなりが共感される物語性を持つことができる。それが企業の競争優位につながるというのが、デザイン経営の考え方です。

佐宗　デザイン、正確にいうとデザインし続けるという意味でデザインイングはこのモデルの根幹だと思います。いま説明したブランディングのモデルでは、特にデザインという言葉は出さなかったですが、それはデザインが現代の企業経営に有効な〝手法〟のひとつではなく、必要不可欠な〝OS〟だと考えているからです。

「社会をこう良くしたい」というパーパスは、主観からしか生まれません。主観を凝縮して普遍的な価値につなげ、意味を付与していくのがデザインの役割です。企業経営のOSにデザインが入っていなければ、新たな価値も意味も生まれません。ブランディングも、社会を良くするためのイノベーションもできないということになります。

永井　さらに付け加えるなら、デザインを活用するためには、その土台となる美意識も重要です。ＯＳをきちんと動かすためのマインドセットというか。デザイナーはまず理想的な状態を想定して、そこに向かおうと考える特性があります。プラトンの「真善美」というイデア論のようなもので、様々な視点で正しさを考え、そこに向かおうとする力がデザインという営みの根源にはあります。

佐宗　永井さんが責任者を務められている「ＴＣＬ」（デザイン経営を実践する人材育成を目的とした多摩美術大学のプログラム）の企画の初期ブレストでも、むしろビジネスパーソンだからこそ美意識が大切だという話をしましたね。それはデザイン思考のプログラムをいろんな企業でやっている中で実感してきたことが背景にあります。デザイン思考は新しいアイデアを生むための手法ですが、アイデアをどんどん出しても、それだけでは拡散する一方で、最終的にある一点まで収束していかないんです。

アイデアに強い魂みたいなものを宿すためには、それを実践する人たちの美意識が欠かせないのだと思います。どういう世界を理想だと思っているか。そこの美意識がないとビジョンも生まれないし、それを実現するために、私たちはこういうことをやり続けますというパーパスに収束していかない。こだわりという美意識と、ビジョンという共通善を往復する中で初めてパーパスが浮かび上がってきます。いわば、真善美の領域を扱うためにはデザインという態度が欠かせません。

もともと「真善美」をどう考えるかは、ビジネスではいまほどは強く問われてこなかった領域だと思います。しかし、ＥＳＧ投資（環境Environment、社会Social、ガバナンスGovernanceの三つの単語の頭文字を取った言葉。収益性だけでなく多様な視点から経営を評価し、投資判断を下す姿勢のこと）や社会インパクト投資が注目されているように、ビジネスにも倫理が前提となる時代になり、経営者も「真善美」を考える必要に迫られています。企業の社会的責任という文脈だけでなく、そこに対するスタンスが投資する側の判断基準として重要になっているんですね。いまや経営者はビジネスと倫理の両立を考えなければならなくなっている。まさにマネジメントとデザインが交差する「デザイン経営」が求められている理由だと思います。

企業のフェーズごとにパーパスをデザインする

永井　佐宗さんは様々な企業のビジョンやパーパスの設計に関わってこられたと思いますが、実際の現場では、どのようにコンサルティングされているのでしょうか。

佐宗　企業のフェーズによって取るべきアプローチは違うのですが、僕らは主に三つのパターンに分けています。①はスタートアップフェーズです。とくにこれから大きくなろうとしている、いわゆる「脱創業者」をしようとしているフェーズでは、パーパスの定義が必要です。創業者や創業チームが無意識に持っていた価値観を原型に、いかに組織の内外に広げていくかというケースです。

②は組織が大きくなって事業を多角化したことにより、当初掲げた目的が見えなくなってきたケースです。経営に求心力を取り戻すためその中心を設定するような形でパーパスを定義したり、それに合わせて事業のリストラクチャを行ったりします。

③は長い歴史を経て、業績が低迷してしまっているケースです。何代も事業を営んできた企業に多いのですが、時代の流れとともに経営のコア価値が見えなくなってしまってい

るので、そこからの立て直しを図るために原点を見据え、それを現代にアップデートしていくパーパスの再設定が再生のきっかけとなります。

永井　私がブランディングの仕事で行っているのは、クライアントへのヒアリングをベースにしたり、組織の方を交えたワークショップをしたりしながら探っていくアプローチなのですが、佐宗さんはどういった手法を使うことが多いですか。

佐宗　過去にあった理念をリブランディングしたものより、0→1で作った場合のほうが濃度は高いので、①のベンチャー企業におけるケースから説明します。衛生から人工流れ星を流すことを目指す「ＡＬＥ」の事例です。ＡＬＥは天文学の博士号を持つ岡島礼奈さんが二〇一一年に創業したスタートアップです。岡島さんは「人工流れ星」という壮大なプロジェクトを実現するために、自律的な組織を作りたいという思いを持っていました。しかし、そのためには起業家としての岡島さんの、事業にかける根源的な思想のようなものをカタチにし、外に向けて発信する過程が欠かせません。自律的な組織は方法論で生まれるわけではなく、そこに参加したいと思わせるような世界観が必要だからです。

そこで僕らはまず、岡島さんの人生についてインタビューをしていきながら、それが現在の事業といかにつながっているか探っていきました。次は同社のコアメンバーを加えたワークショップです。岡島さんのインタビューから生まれた物語を第一章として、そこから先の物語をそれぞれ社員に考えてもらいました。

それから「未来年表」として、科学技術の発展や社会の変化も予測しながら、これからの未来にどういう会社でありたいのかタイムラインで整理していき、過去・現在・未来においても変わらないＡＬＥの価値とは何か対話していきました。そして、そこで出てきた言葉を一覧にして、自分たちの美意識からどう感じるか、共感できるかどうか、好きか嫌いか話し合っていくというアプローチを行いました。

そういった哲学的ともいえる対話を繰り返していき、最終的には「ＡＬＥは人工流れ星を流すことが目的の会社ではない」という結論に達しました。

事業の社会的インパクトからパーパスを考える

永井　なぜ、そのような意外な結論に？

佐宗　岡島さんがＡＬＥを起業した根底には、資金が流れにくい基礎研究の分野の発展にビジネスで貢献したいという思いがありました。すでに宇宙ステーションで様々な研究が行われているように、宇宙は最先端の発見が生まれる場でもあります。岡島さんにとって人工流れ星の事業は、宇宙という可能性に満ちた場所について人々に興味を持ってもらうための教育の事業だったのです。

そのような結論が得られたことで、同社の「科学を社会につなぎ 宇宙を文化圏にする」というパーパスが完成しました。

しかし、こうした話は「人工流れ星を実現するために」という文脈からはまったく出てこなかったと思います。経営者の思いを可視化していく作業を通じて、事業に込められた意義が初めて具体的なカタチとして見えてきたのです。

永井　それは岡島さんの中にもともとあったものが言語化されたということなのか、ワークショップなどの対話によって岡島さん自身も触発され、あらためて事業の意義を見出したということなのか、どちらだと考えていますか。

佐宗　もともと持っていた動機が、足元の人工流れ星の事業化の中で少し薄れていたのを、新たにストーリーを作り直したことでもう一度中心に据え直したというのが感覚的に近いです。それぞれが語るビジョンのストーリーによって触発されたのが近いと思います。

永井　なるほど。創業者が自分でも気付いていなかった事業の可能性に、対話を通じて気が付いたということなんですね。

佐宗　そういうイメージです。デザインの文脈でいえば、これはビジョンやパーパスの言語化というデザインプロセスを、参加型デザインの手法によって行っています。

なぜ、そのようなアプローチをとったかというと、事業の社会的なインパクトについて考える際、それは経営者からの目線だけでは見えてこないんですね。社員や、外部の研究者など様々なステークホルダーの視点からストーリーを語ることで、初めてそこに秘められた社会における価値が客観的に見えるようになります。

それにパーパスとは未来に対する〝約束〟です。だから、ひとりの視点だけで言語化しようとしても、偏ったものになってしまい、広く共感を得られるものになりにくい。いろんなステークホルダーの視点を入れながら議論するプロセスを入れることにより、社会的な意義を持つ言葉にできると考えています。

永井　それはよく分かります。「経営にも多様性が重要です」と言うと、企業は社会的な要請だからしなければならないと考えます。もちろん、そこも大切なのですが、事業の社会的なインパクトを最大化するという意味でも多様性は重要なんですよね。

例えば、私が審査員をしているグッドデザイン賞でも、一〇年くらい前までは、デザイナーとしての専門性の高い人たちが集まって賞を決める場でした。しかし、いまは審査員の構成がだいぶ変わっています。狭義のデザイナーに限らず、いろんな職種でデザインに関わる人が入って議論しています。

その意味は何か。デザインは社会に実装されることによって価値が生まれるものですが、社会にはデザインの専門家だけがいるわけじゃないですよね。様々な価値観を持った人が製品やサービスを評価する。そう考えたときに、多様性のあるメンバーで審査したほうが、賞の持つ社会的なインパクトが大きくなるのは当然だと思います。

日本の経営には「青臭い話」が欠けている

佐宗　そのとおりだと思います。これは②のパターンでも言えるのですが、日本の大企業の場合、まさに事業の社会的なインパクトについて、多様性のあるメンバーで議論する場のないことが問題なんです。社会的なインパクトを考えるということは、未来における価値を考えるということでもあるのに、大企業の経営会議では、どこに投資すべきか、どの事業を辞めるべきかといった「いま」の時間軸での議論に終始してしまいます。じつはそれぞれの役員に話を聞いてみると、個人としてはそれなりに未来について考えているんです。しかし議論のメンバーに多様性がないから、視野がどんどん狭くなって、いま見えている価値だけを話し合うようになり、ますます視野が狭くなる悪循環が生じています。

だから、大企業のビジョンやパーパスの設計に関わるときは、それぞれの役員が抱えている、未来における我が社の価値に関する考えを一度、棚卸してもらいます。僕らに依頼してくれた経営企画室の人は、「うちの役員は未来の話なんて無理だと思います」と言っていたのですが、実際にやってみると、みなさんとても生き生きと話をするんです。その姿を見た担当者が、「あの人たちもこんな話ができるんですね」とぼそっと呟いていたのが、すごく象徴的で、ここに日本企業の抱える課題が凝縮されていると思いました。

永井　みなさん未来や本質の部分について話したいと思っていても、ビジネスの流れの中で、改めて深く問い直される場はなかなか生まれない。処理すべき課題に追われているので、心の中では思っても、そんな青臭いことを議論する場合じゃないなとなってしまうんですよね。

佐宗　だから、パーパスについて話し合う場を作れば、それは必然的に未来の価値について話し合う場になります。さらに、そこにデザイナーが入ることで、議論だけで終わらず、未来に対するビジョンを具体化していくこともできる。そうすると、未来の話が具体的な事業や組織文化の話になり、現実の改革につながっていく。これは日本の大企業がデザイン経営を実践するうえでのアーキタイプのひとつになり得るのではないでしょうか。

老舗企業のパーパスを再定義する

永井　先ほどはスタートアップのお話でしたが、老舗企業の場合はいかがでしょうか。

佐宗　「山本山」のケースをお話ししたいと思います。時代の流れとともに経営のコア価値が見えなくなってしまった③のフェーズですね。

創業三五〇年以上の老舗企業である山本山は、一般には海苔のブランドとして認知されていると思います。しかし、ルーツを辿ると、その起源はお茶の販売にあります。じつは玉露を発明したのも同社で、ペリー来航の際に読まれた有名な狂歌「泰平の眠りを覚ます

上喜撰　たった四杯で夜も眠れず」の「上喜撰」は、山本山のブランドでした。

このように、もともと京都の文化だった「緑茶」を江戸に広めたことで、日本橋の大店としての商売・暖簾を確立したのが山本山の原点です。しかし、戦後の中元やお歳暮文化の発達などで海苔の需要が拡大したことにより、それまでサブ事業だった海苔の販売が大きく成長して、こちらがメインの事業になっていきました。

ひとりひとりの社員さんは日本茶の老舗であることに誇りを持ってはいたのですが、市場における認知との間にギャップがあり、日常の業務にもブランドのルーツが反映されているとは言えない状況だったんですね。しかも、主なユーザー層が高齢化して、事業としても若返りを図らなければ、次代にブランドが継承されないという課題を抱えていました。

山本山の原点である日本茶を飲むという習慣と、その背景にある日本の文化をいかに伝え、残していくか。歴史のある会社は、その歴史こそがまさに強みなので、そこをリブランディングによって見直していくことが、僕らのまず取り組んだことでした。

永井　それは山本山のブランド価値を大きく再定義するというよりも、いまの文脈に合わせてパーパスを語り直していくということですね。

佐宗　そうです。山本山には「おいしいお茶を分けてあげたい」という創業から続く理念がありました。そこを作り直すのではなく、リブランディングの出発点として、いまの文脈で語り直したら、どういう方針になるのか探っていきました。

そこで辿り着いたのは、「緑茶のおいしさを広める」という意義です。若い人にとっておいしいお茶の味というと、真っ先に抹茶が思い浮かびます。しかし、日本茶はそれだけじゃない、やはり緑茶のおいしさを伝えたい、というのが、いまの文脈におけるパーパスとなりました。具体的には、日本茶を飲む習慣を取り戻していくために、日本橋の本店を利き茶ができる場にしたり、インスタグラムを開設して日本茶を「ていねいな暮らし」を象徴する記号として訴求したりするなど、現代に即した様々な取り組みを行っています。

永井　パーパスを日常の体験に落とし込んでいったわけですか。

佐宗　はい。そういう様々な接点から日本茶に興味をもってもらい、若い人が自分で日本茶の文化を開拓していけるようなガイド役に山本山がなることを目指しています。それが「おいしいお茶を分けてあげたい」という創業時の理念を、いまの文脈で具体化するということであり、歴史ある会社におけるパーパスの役割だと考えています。

不況期こそ組織の存在意義が問われる

永井　そのようにパーパスをいまの文脈で再定義することは、生活者に日本茶の価値をあらためて伝えるだけでなく、従業員の方々にも山本山がもともと持っていた価値を思い出してもらう意図もありますよね。

佐宗　おっしゃるとおりです。

永井　まさに佐宗さんに説明していただいた事例は、パーパスを定義することが組織文化と事業価値の創造につながったケースであり、デザイン経営の実践例ということができると思います。では、企業のフェーズによってやり方は異なるとはいえ、パーパスを軸にした経営改革の効果は、どのくらいで見えてくる実感を持ってらっしゃいますか。

佐宗　僕は長期的に効果が出る投資だと考えています。短期的に売り上げを伸ばすのは難しいかもしれないですが、五年、一〇年先を見据えたときに最も効いてくる投資です。

いちばんの効果としては、社員の誇りですよね。自分たちの事業に誇りを持てるようになることで、人が辞めにくくなり、意義ある仕事をしたい優秀な人材が入ってくるようになる。外向けの価値としても、機能や価格ではなく、ブランドのメッセージへの共感でユーザーになってくれるから、よりエンゲージメントの高い顧客になってくれる可能性が高まると思います。平たく言えば、ブランドのファンになってくれやすいということです。

それから経営の視点で重要なのは、投資を集めやすくなるということです。最近はESG投資の広がりにより、経営者は株主に対して、長期的な視点での組織の存在意義を説明することが求められるようになってきました。それに短期の収益性に惹き付けられる株主ばかりだと、経営のガバナンスが不安定になりやすい。企業のパーパスに共感して株を買ってくれる投資家を集めることで、経営の安定性が高まるというメリットもあります。

永井　海外ではESG投資がだいぶ浸透しているとは聞きますが、日本でも変わってきているのでしょうか。

佐宗　二〇一九年の秋ごろから増えてきた印象です。ちょうど「国連気候行動サミット」で、当時一六歳のグレタ・トゥーンベリさんが世界のリーダーに対し、気候変動を防ぐ行動をするようにスピーチしたことが話題になってから、欧米の投資家の間で「ステークホルダーバリュー」（株主利益だけでなく、社会や環境といった様々なステークホルダーへの提供価値を評価する姿勢）が重要視されるようになりました。日本の投資家もその流れに準ずるかたちで、未来における企業の提供価値をＩＲ（投資家向け情報）に入れてくれとリクエストするようになっています。

永井　コロナ禍の影響を踏まえると、その流れは加速することはあっても、後戻りすることはなさそうですね。

佐宗　そう思います。好況時のビジネスでは組織の存在意義なんて問われないんですよ。むしろ、不況だったり社会が混乱したりしているときこそ、人々に支えてもらうための存在意義が必要になる。そのビジネスは、その企業は、何のために存在しているのかということが説明できないと、どんどん淘汰される世の中になっていく。だから、パーパスを定義づけることには即効性がないように感じるかもしれませんが、じつは今後の経営を考えるうえでの重要な分かれ道になっている。そこは強く言いたいですね。

パーパスはDNA、事業は細胞

永井　最後に、経営におけるデザインの価値を、佐宗さんはどのように定義されますか。

佐宗　いまの経営者に迫られているのは、世の中の価値観はどんどん多様化しているのに、ひとつの思想を掲げないと誰もついてこない、という矛盾した課題をいかに解くかということだと思っています。それがどれほど難しいか。かつては報酬や利益のような、いわゆる金銭的なインセンティブが多元的な価値を包含できる共通価値だったと思うんです。しかし、高い報酬を払えば人が勝手についてくる、利益さえあげれば投資が集まるというわけでもなくなってきました。

これからは組織の内側でも外側でも、本質的なところで価値観を共有できる集団を作ることが、持続的な経営をしていくための王道になっていく。いまはその移行期なのだと思います。この移行期を支えるため、経営の本質的な価値を見出し、世の中に伝えていくところに、まさにデザインの重要性があるのだと思っています。

永井　ありがとうございます。私から付け加えるなら、二十世紀はひとりひとりの経営者や社員が事業を頑張るだけで、世の中が右肩上がりに良くなっていくことが実感できた時代だと思います。しかし、社会がこれだけ成熟してくると、自分たちの事業が社会にどれだけ貢献しているのか、生活者にも従業員にも見えにくくなる。だからこそ、パーパスのような根本的な価値の定義という作業が必要なんだと伝えていきたいですね。

佐宗　組織を生物にたとえるなら、パーパスはＤＮＡで、個々の事業は細胞だと思うんですよ。生物が細胞分裂を繰り返しながら成長していくように、組織も環境変化にあわせて事業を作り替えながら成長していく。しかし、ＤＮＡは変わらないから、生物も組織も同一性が保たれる。ただ、時々、突然変異でＤＮＡが変わってしまうこともある。しかし、それによってもっと強い生物になるように、組織だって時間が経てばＤＮＡを再定義する必要がある。そうすることでもっと強くなれる。

だから、環境変化が激しいときほど、常にパーパスに立ち返り、そこからズレていないか、あるいは時代にそぐわないお題目になっていないか経営者は意識しなければならない。そこを考えるためにもデザインは欠かせないし、何よりもデザイン経営が求められるようになってきた理由だと思っています。

第03章

組織文化をデザインする

組織にパーパスを浸透させるには

よく「トップが変われば組織は変わる」と言います。組織が目指すべき方向を示すことは経営者の重要な役割であり、二章では、その指針となる「パーパス」を定める意義とその手法について、デザインの視点から説明しました。

しかし、パーパスなどの存在意義を定めても、それだけでは組織は動きません。日々の業務に追われている中で抽象的な存在意義の話をされても、従業員からは、「また上が何か言っている」という印象を持たれてしまいます。

そのため、組織文化の構築では「パーパスの浸透」が必要になります。

従来の科学合理的な経営では、「数字」という分かりやすい指標がありました。経営者には数字を論理的に読み取り、過去の傾向と、それを根拠にした予測によってリソースを適切に管理し、配分することが求められました。もちろん、こうした能力はいまも経営者には必要で、欠かせないものです。

ただ、先行き不透明な時代の中で、パーパスから新しい組織文化と事業を構想するデザイン経営を行うためには、合理的であるだけでなく、情熱的であることも経営者には求められます。パーパスを組織に浸透させるには、まず経営者が「思い」を現場に向けて語ることが大切だからです。しかも、本当に浸透するまで何度も語り続ける粘り強さを持たなければなりません。

例えば、日本におけるデザイン経営の先進事例である中川政七商店は、「日本の工芸を元気にする！」というビジョンを掲げています。しかし、実際に浸透した手応えを感じられるまで、じつに五年もかかったといいます。十三代目社長として組織改革を主導した中川政七さんが、「DIAMONDハーバード・ビジネス・レビュー」(二〇一九年三月号「特集・パーパス」)のインタビュー記事で、次のように語っています。

〈二〇〇八年に初めて、全スタッフの前でビジョンを発表しましたが、最初はもう全員、何を言っているのかわからない様子で、ぽかんとしていました。無理もありません。それまでビジョンなんて会社になかったからです。(中略)

しかし、お店で販売して工芸品を持ち帰ってもらうことも、バックヤードで流通を支えることも、スタッフみんなの仕事がビジョンの浸透につながっているのです。ビジョンを浸透させるため、スタッフには機会を見て何度も、何度も話をしてきました。たとえば、「石垣を積んでいるのではなく、日本一の城をつくっているのだ」という話です。もし目の前にある石垣を積むという単純な作業だとしても、それが日本一の城を築くために必要な仕事だと思えれば、やる気も仕事の質も大きく変わります。〉

中川さんは本社のスタッフだけでなく、新しい店舗がオープンするたびに、その店舗のスタッフとも食事をして、「あなたたちの仕事は予算を達成することだけではなく、その先にある日本の工芸を元気にすることです」と伝え続けてきました。

そうした地道な啓蒙活動を続けた結果、二〇一三年ごろにはようやく、「何の仕事をしているのですか」と尋ねたら、アルバイトのスタッフでも「日本の工芸を元気にするためです」と言えるようになったといいます。

行動に結びつけるための場や仕組み

パーパスが行動に結びついていなければ、壁に掲げられた標語と変わらず、効果があるとは言えません。組織のパーパスと個人の働く目標が重なり、それが日々の行動につながっていくことで、共通の大きな目標に向かって働いているという一体感を組織にもたらすことができます。

その実現のためには、経営者の強いコミットメントが欠かせません。企業の規模によって手法は異なるにせよ、変革への「思い」をトップが伝える機会を作らなければ、組織全体までパーパスが浸透せず、従業員の行動にも結びつかないからです。

しかも、お題目になってしまいがちな企業理念とは違い、パーパスは「自分たちは何者であるか」を定義するだけでなく、より具体的に行動を促していくためのものです。それだけに「理解してもらったら終わり」ではなく、常にパーパスを意識して行動してもらわなければなりません。その意味でもパーパスを掲げるだけでなく、組織そのもののあり方を問い直す機会を持つほか、研修やワークショップといった、パーパスを伝える〝場〟や

〝仕組み〟を持ち、それを継続的に運営していくことが必要です。

例えば、シリコンバレーでは最近、「カルチャーデザイナー」という新しい肩書きを持つ人が増えているそうです。彼らが担当しているのは、まさに組織文化の定着を行うための〝場〟や〝仕組み〟を作ることです。その人たちのバックグラウンドは人材開発や教育だったり、広告会社の出身だったりするそうですが、「組織文化のデザイン」が仕事になっていることからも、経営において目指す方向性を共有し、企業のカルチャーを生み出し、組織にしっかりと定着させることの重要性を示していると思います。

パーパス・ドリブンな組織改革

デザイン経営において、パーパスの設計は「考えのデザイン」にあたります。それが行動につながるような〝場〟や〝仕組み〟を設計するフェーズは、「カタチのデザイン」に該当します。では、経営者が従業員のひとりひとりに直接語りかけることができない大企業の場合、トップの意志や目指すべき方向性を共有するための「カタチのデザイン」をどのように行っているのでしょうか。

アメリカを中心に活動する世界的なコンサルティングファーム「SYPartners」は、デザインの視点を活かしたパーパス・ドリブンな組織変革を掲げ、これまでスターバックス、IBM、アップル、ナイキ、フェイスブック、オバマ財団といったグローバルに活動する企業や組織の成長支援を行ってきました。彼らは二〇一四年から博報堂DYホールディングスの戦略事業組織「kyu」の傘下に入ったグループ会社でもあります。

SYPartnersはパーパス・ドリブンな組織変革が目指す姿について、記事「一〇年で株価は一三倍　Starbucksを復活させたハワード・シュルツの戦略を支えたパーパス・ドリブンな組織改革」の中で、次のように説明しています。

〈パーパス・ドリブンな状態とは、パーパスが自社のビジネス戦略のあらゆる要素を加速させ、組織に関わるすべての人がパーパスを感じることができている状態といえます。パーパスが北極星のような働きをし、経営者やリーダーが、あいまいな状況の中でも正しい決断をくだせるようになったり、従業員や部門・チームにまとまりがもたらされたりします。パーパス・ドリブンな状態の組織とは、規模の大小

を問わず、すべての意思決定のベースにパーパスがある組織のことです。〉

世界的企業のトップリーダー層を顧客に持ち、それぞれのリーダーが直面する課題に向き合い、一緒に解決への舵取りをしてきた彼らは、トップが抱く変革への「思い」を組織に浸透させるために、どのような取り組みを行っているのか。SYPartnersのケーススタディを引用して説明します。

スターバックスのケース

創業者のハワード・シュルツが八年ぶりにCEOに復帰した二〇〇八年、シュルツは「スターバックスは、その魂を失ってしまった」と言いました。業績としても、前期と比べ純利益が五三％減。こうした中でシュルツは、スターバックスを再び素晴らしい存在にすべく改革を始めます。

まず、SYPartnersは、シュルツとエグゼクティブチームと共に、パーパスを「人々の心を豊かで活力あるものにするために——ひとりのお客様、一杯のコーヒー、そしてひとつのコミュニティから」とあらためました。パーパスを明確にすることで顧客とのつながりを取り戻し、商品開発や接客、店内環境、コーヒーといった同社のビジネスの重要な要素において、どのように変えていくべきかという指針を示したのです。

実際、スターバックスはパーパスに照準を合わせることで、新たにインスタントコーヒー市場に参入したり、店舗での新しいメニューを開発したりと、具体的な着想の機会を得られるようになりました。

また、店舗のスタッフこそが顧客体験において重要な役割を担っているという理解のもと、スターバックスとSYPartnersは、一万人のストアマネージャーを招聘し、新しいパーパスを伝えました。さらに、スタッフの再教育のために全米の七一〇〇店舗を三時間半閉め、バリスタにコーヒーにまつわる研修も行いました。同社にとっては約六億円の損失に相当する措置であり、この決定は当時リーマン・ショックの只中であったため、多くの議論を呼びました。

しかし、改革のプロジェクトメンバーたちは、何よりも店舗のスタッフひとりひとりが、新しいパーパスにつながりを感じることが重要であり、それがスターバックス全体の変化へと波及していくと考えたのです。

その結果はどうだったか。それから一〇年後の同社の株価は一三倍、二〇一九年の売上は約二九〇〇億円にも達しました。

日本IBMのケース

東日本大震災からの復興が続く中、日本はどの先進国よりも多額の公債を抱えた状態で二〇一二年が始まりました。日本IBMもなかなか働き方をアップデートできず、市場シェアが悪化する状況にありました。そうした中で日本市場での成長を取り戻すべく、新CEOに就任したマーティン・イェッターとSYPartnersとのプロジェクトが始まりました。

変革のための戦略は、IBMグループ全体のパーパス「最も必要とされる存在に（be essential）」を軸に組み立てられました。しかし、このパーパスを完全に浸透させるためには、六〇〇〇人ものセールス担当者とマネージャーのマインドと行動を変えることが必要でした。しかも、過去の数十年にわたってセールスチームが頼っていたベストプラクティスは、すでに効果的ではなくなっていたのです。

そこでイェッターとSYPartnersが取り組んだのは、過去の事例を参照するのではなく、会社を活性化させる強力な変化の事例を生み出し、それによってセールスリーダーたちを鼓舞することでした。

そのために日本IBMのリーダーたちとSYPartnersは、「Smarter Selling Academy」という数日間の勉強会を企画しました。セールス担当者がそれぞれの顧客ニーズに応えられるよう、担当業界の知識を深め、創造的なソリューションを考えるといったトレーニングを受け、コンサルタントのように立ち振る舞うための姿勢を教わるための〝場〟です。

セールス担当者たちのマインドの変化は、このような新しい仕組みを導入することで達成されました。アカデミーでは具体的で実行可能な九つの実践例が伝えられ、セールス担当者が日々の実務でパーパスに沿った行動を起こしやすくしました。また、行動の変化が続くように、業務を支援する新しいツールも与えられたほか、学びとコラボレーションを続けるための企業文化を育てるために新しい定例行事も作られました。

最初の「Smarter Selling Academy」の後、日本IBMでのビジネスは、一五・四半期にわたり成長が続きました。このアカデミーは、一七〇〇億円の売上増に直結し、七二カ国に展開されています。

良品計画のアドバイザリーボード

ほかにも経営が目指す方向性を組織で共有するための仕組みには、様々なものがあります。そのユニークな事例であり、経営の意思決定という組織の根本的な部分にまでデザインに関わるクリエイターたちが関与しているのが、良品計画のアドバイザリーボードです。無印良品を運営する良品計画では、原研哉さんや深澤直人さんといった日本を代表するクリエイターの方々が外部アドバイザーとして参画しています。クリエイターたちが経営と現場の間に入り、ひとつひとつの製品やサービスの見た目だけでなく、それを支えるコンセプトやメッセージが理念からブレていないか検証しているのです。

そもそも無印良品のコンセプトを創業者の堤清二さんと一緒に考案したひとりが、世界的なクリエイターである田中一光さんです。「消費社会へのアンチテーゼ」を掲げ、「シンプル」「ノーブランド」を貫く良品計画は、いまもクリエイターが商品開発や店舗コンセプト作りに強い影響力を持っています。

こうした仕組みを置くメリットについて、良品計画の金井政明会長は、「日経ビジネス」の記事（二〇一九年二月二〇日配信「無印良品は「水」、幸せ届けるOSに～良品計画・金井氏」）で次のように語っています。

〈経営というのは人のまねができるんですよ。だから経営のハウツー本がたくさん出ているでしょう。しかし、クリエーション（創造）の世界はそれができません。コピーは死んでもできない。そうすると、自分の頭から出さざるを得ないという宿命があります。（中略）

そういった意味で、デザイナーというよりもクリエーターたちの思考が、先ほどお話しした我々の違和感に対する解決策を探すうえで、大変参考になるのです。

また、どうしても企業というのは、〝天動説〟になってしまうものです。自分の会社から世の中を見てしまう。世間は自分たちの会社や商品のことをある程度分かっていると思い込みたいし、思い込むんです。

例えば今週、新商品を出すからと担当者たちがわくわくしていても、池袋の駅前に行って一〇〇人に聞いたら一人も知らないなんてことがある。それを〝地動説〟に置き換えないといけないと思います。その点、アドバイザリーボードのクリエーターたちは会社の外の方たちなので、ある意味、僕たちの天動説を地動説に置き換えてくれるのです。そういうメリットがすごくあります。〉

このように良品計画では、組織の論理（天動説）ではなく、社会や生活者の視点（地動説）から経営方針の是非を問う役割がアドバイザリーボードに期待されています。それはパーパスという「考えのデザイン」を具体的な「カタチのデザイン」に転換する際にも、メッセージを一方的な押し付けにせず、従業員も含めた様々なステークホルダーにとって共感・共有されやすいものとしていくことに効果を発揮するのです。

目に見えるカタチが組織文化にもたらす力

組織文化の変革においては、パーパスを伝える〝場〟や〝仕組み〟を作るだけでなく、理念を目に見えるカタチにすることも重要です。

それを体系的にコントロールして、イメージのブレをなくす仕組みが、コーポレート・アイデンティティ（CI）やビジュアル・アイデンティティ（VI）です。シンボルマークやロゴ、ブランドカラーなど、その企業やブランドに固有の色やカタチを作ります。これらは何より「自分たちが何者であるか」を示す象徴だからです。

戦国武将が自陣の旗印を掲げて戦ったのは、敵と味方を区別するという機能的な側面だけでなく、同じ旗印のもとに戦うという誇りで、組織の気持ちをひとつにするためでもあったはずです。これと同じように、理念を反映したロゴやシンボルをデザインし、それを名刺や封筒、受付などいつも目にするところに配置することで、会社という組織を、ある目的の実現のために集まったものとして束ねることにつながります。

また、顧客にとってもシンボルやロゴのデザインは大きな意味を持ちます。その会社の製品やサービスに触れた際の記憶や体験を、顧客の頭の中で統一されたものに結びつけるプラットフォームになるからです。製品やサービスの送り手と受け手の関係は時間をかけて少しずつ築かれていくものですが、両者の接触は一瞬しかありません。そのわずかな瞬間に存在を知ってもらい、頭の中にイメージを蓄積してもらうためには、目に見えるカタチの力が重要な役割を担うのです。

このように理念を目に見えるカタチに具現化することは、組織文化の構築だけでなく、ブランディングにとっても重要です。

いま一度、自社のロゴやシンボルマーク、ブランドカラーのことを振り返ってみてください。ロゴはしっかりしていても、ウェブサイトの写真や色などとのデザインの統一性までは考慮していないかもしれません。

しかし、その企業らしさというものは、製品やサービスだけでなく、ウェブサイトや広報誌まで含めたあらゆる顧客接点で与えられる情報の集積によって形作られていきます。そう考えると、CIやVIを「なんとなくかっこいいもの」にするのではなく、あくまでも理念との一貫性から導き出していき、それを経営全体のデザインの基準点とすることで、統一された印象をマネジメントすることがブランディングには欠かせないのです。

目に見えるカタチは、社内の意志統一や事業創出にも効果を発揮します。お互いに考えていることを説明したり、アイデアを共有したりするときに、ビジュアルの力を活用していきます。

例えば、パーパスに基づいた組織開発のやり方について話し合うとします。パーパスは言葉で示されているものの、そこで個々人が思い浮かべるイメージが常に一致するとは限りません。どこかに認識のズレが生まれている可能性があります。そのまま議論を進めても、組織改革を進める際の壁になってしまうでしょう。

そこで「自分たちの会社らしさ」をイメージさせる（と考えられる）写真を持ち寄り、なぜ、その写真を選んだのか語り合ってみるのです。そうすることで従業員ごとの認識のズレや思い込みに基づく誤解など、いろんな気付きがあるはずです。ワークショップ形式で議論を行えば、パーパスに対する理解をすり合わせることにもつながります。

その企業やブランドを象徴するキービジュアルをひとつ作り、全体の核として進めることも有効です。パーパスをシンボルやロゴで象徴するのと同様、ひとつのビジュアルに象徴してみるのです。なんでも盛り込みたい欲求に、制約を設けることで、いちばん重要なことが見えてきます。

言葉だけではとらえられないことを引き出す。それが目に見えるカタチがもたらす効用のひとつであり、ブランディングに具体的なカタチのデザインが欠かせない理由でもあるのです。

カタチの変更が経営にも影響を及ぼした

パーパスのような「思い」を目に見えるカタチに転換するうえで気を付けておきたいのは、「正しいだけでは人の気持ちは動かない」ということです。従業員だけでなく、生活者へのアプローチにおいても、論理だけでなく感性も刺激することで、その企業〝らしさ〟を言語化できない温度感まで含めて伝えることができます。

正しいアプローチで表現されたビジュアルは、圧倒的なコンセンサスを生み出す力を持っています。これは私がデザイナーとして、日々実感していることでもあります。

私がブランディングの仕事を手がけ始めた頃ですが、リーガルのリブランディングを担当しました。日本人に馴染みの深い国産シューズブランドですが、外国製の廉価なシューズが台頭したことで、時代の流れとともに古いブランドというイメージを持たれてしまっており、それを刷新したいという依頼でした。

私たちが依頼を受けたのと同時に、リーガル社内にも部署の壁を越えたプロジェクトチームが立ち上がりました。各種のリサーチ、事業戦略や顧客の規定など、プロジェクトチームとのワークショップを何度も繰り返し、半年以上かけて〝リーガルらしさ〟を定義する試みを行いました。

私たちが注目したのは、「手仕事へのこだわり」です。リーガルは熟練職人による修理専門店があるほど、職人気質のブランドです。何万足もの靴のメンテナンスを通じて、日本人の足の特性やクセを理解し、靴作りに活かしています。この靴作りへの職人のこだわりと誇りをブランド自体の価値として転換しよう、と考えました。

ブランドスローガンは「The Pride to share」。リーガルというブランドの誇りを、職人と履く人が分かち合う。職人の魂がこもった靴を履くことで、より前を向いて仕事ができる。そんなブランド像を目指したのです。

このときに制作したキービジュアルでは、ブランドそのものを表現しました。当時トラッドのイメージの強かったリーガルから、新しい方向性に踏み出す意思と、大切な顧客接点であるお店をイメージしたものでした。

そして、長年使われてきたブーツのイラストが入ったローマン系文字のロゴマークを変えた一方で、ブランドカラーは旧ロゴマークの赤を継承。ブランドの歴史と新しさの両面を表現しました。ほかにもコミュニケーションやパッケージのほか、コンセプトショップのクリエイティブディレクションも担当しました。

ブランドイメージの刷新は、まず流通を動かしました。靴としての品質の良さが見直された結果、取り扱い店舗が増えただけでなく、これまで置かれていなかったようなショップにもリーガルの靴が置かれるようになったのです。やがて、そのムーブメントは社内にも波及し、靴のデザインにも変化が表れました。シューズのデザイナーは変わっていないのに、発想の方向性が変わったのです。その後の売り上げにも貢献しました。

このリーガルのリブランディングから私は、デザインの創造性は見た目の変化だけでなく、経営の分野にも影響を及ぼすことができると気が付きました。ちょうど博報堂デザインを立ち上げるタイミングだったこともあり、いまにつながるキャリアへの転機となった仕事といえます。

リーガルのリブランディング

REGAL

The pride to share.

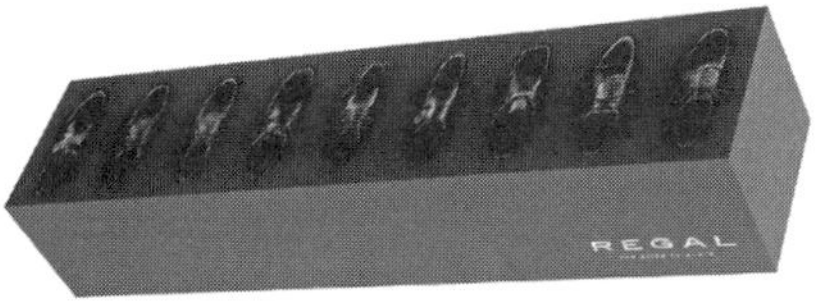

目指す姿を象徴化する

私はブランディングを行う際、さきほど説明したようなキービジュアルや、ＣＩやＶＩなどにより、〝その企業やブランドを象徴化し、全体の核として進めるようにしています。パーパスを抽象化・記号化することで、それに触れた人々に企業の「思い」を伝え、およそ共通のイメージを頭の中に投影することができます。

パーパスを浸透させる過程では、あらゆるタッチポイントで「思い」を伝えていく必要がありますが、そのときも象徴化がきちんと機能していれば、メッセージはブレることがありません。

創業四五〇年以上の歴史を持つ、寝具業界大手の西川グループでは、二〇一九年二月、西川産業（東京西川）、西川リビング（大阪西川）、京都西川の三社が約八〇年ぶりの再統合を果たし、新会社「西川株式会社」が誕生しました。

同じ「西川ブランド」を掲げながら、地域ごとに独自の販売ネットワークを構築し、オリジナル商品を開発してきた三社でしたが、生活者のライフスタイルの変化や寝具業界の競争激化といった厳しい状況にさらされる中で、経営の大改革を決断。三社が持つ優れたノウハウを集めることで、「寝具を提供するメーカー」から、良質な睡眠をベースとして人々の健康を支える「睡眠ソリューション」の提供企業に変わっていくことを宣言したのです。

私たちは、この新会社のブランディングを担当しました。統合までは三社は競合関係にあったため、当然示し合わせたネーミングのルールもありませんでした。その中でも、漢字の「西川」を丸に収めたシンボルは、各社大切に使っていました。新しい方向性を打ち出すことを考えていく中で、この数百年使い続けられているシンボルをアップデートすることで、社内の意識や人々の西川に対する意識を変えていけないかと考えました。もちろんガラッと変えてしまう方法もありましたが、歴史という大きな資産を持つ西川では、その方法をとるべきではありません。そこで、「西川」の文字を直線的にすることで、創業からの歴史を継承しながら、伸びやかに未来に向かって進んでいく意思を表現しました。また、ロゴに「nishikawa」とアルファベットを配することで、国内のみならず世界の人々の健やかな眠りに貢献したいという意志も込めました。

西川株式会社では、この新ロゴマークと「よく眠り、よく生きる」という新たなタグラ

西川の統合に伴うブランディング

nishikawa

インを、ブランドの様々なタッチポイントに使うことで、組織の内外に事業変革への「思い」を伝えています。

この変革への「思い」は、啓蒙から実践のフェーズへと移行しています。現在の同社は睡眠時のデータ収集を活用した予防医療の分野への進出も視野に入れ、パナソニックと「快眠環境サポートサービス」をスタートさせるなど、次々と「寝具メーカー」の枠を超えた新たな領域への挑戦に取り組まれています。

パーパスを意識させる仕組みを作る

パーパスは企業が従業員や生活者、社会と結ぶ〝約束〟でもあります。これを浸透させるには、その約束の内容（行動規範や社是などで表現されることもあります）を社員や関係者が共有するため、ブランドブックなど一冊の本にまとめることも効果的です。

ただ、単に「顧客との約束」を文書としてまとめれば、誰もが読んでくれるというわけではありません。その内容をひとりひとりの従業員が日常的に意識するような〝習慣〟もデザインする必要があります。

博報堂デザインがブランディングに関わった「パレスホテル東京」の事例では、そのためにこのような取り組みを行いました。

一九四七年に国有国営ホテルとして建築された「ホテルテート」を前身に持ち、一九六一年に開業したパレスホテルは、外資系ホテルが続々と参入してくるに従い、やや古いイメージを持たれてしまっていました。そこで新たな時代にふさわしいホテルに生まれ変わるため、二〇〇九年に休館。二〇一二年に「パレスホテル東京」として再オープンすることが決まっていました。

その際のブランディングで大切にしたのは、このホテルが位置する「丸の内一丁目一番一号」という住所の意味でした。つまり、パレスホテル東京は、この国の首都の中心地で歴史を紡いできたホテルなのです。そんなホテルは他にありません。

そういう特別な存在であるホテルとして、リニューアル後は「最上質の日本」を提供することを目指そうと考えました。パーパスは「日本の『美意識』『品格』の体験を生み出す」。そこから「美しい国の、美しい一日がある。」というブランドコンセプトも導かれていきました。

そして、そのコンセプトを実現するために、「自然との調和」「グローバルベスト」「五感クオリティ」「究極のパーソナルタイム」「真心のおもてなし」という五つの提供価値を、ホテルの方々と一緒にディスカッションしながら設定していきました。さらに、言葉にするだけでなく、創業以来のシンボルマークである「王冠」をモチーフにしながらも、どことなく「和」の雰囲気を感じさせるロゴをデザイン。五つの提供価値を表現したシンボルを、ホテル滞在時のあらゆる接点のアイテムに展開していきました。

こうしたリニューアルにまつわるストーリーは、「Story of PALACE」という一冊の本にまとめられました。しかし、先ほども述べたように、ただまとめただけで内容が伝わるわけではありません。お客様から「ホテルが生まれ変わった」ことを認めてもらうには、外見のデザインだけでなく、日々お客様と接する従業員の方々の行動にも、これらのパーパスが反映されていなければならないのです。

そこでパレスホテル東京では、これらのストーリーを社員全員が集まる場で説明しただけでなく、「Story of PALACE」をすべての客室に置くことにしました。自分たちがサービスにかける「思い」を具体的な約束としてお客様に見せることで、ひとりひとりの従業員に、「その体現者に値する振る舞いをしなければならない」という覚悟を持ってもらう

パレスホテル東京　ブランドブック

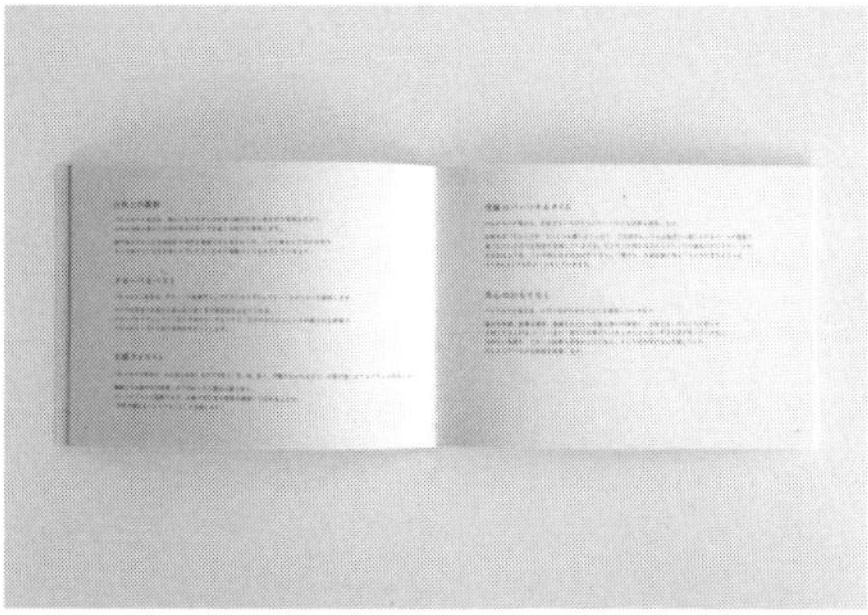

ことを狙った浸透策でした。

新しいパレスホテル東京になった結果、お客様のイメージも、ホテル側の意識も大きく変わり、パレスホテル東京は国内外でそのサービスの質を認められるようになりました。現在、世界的に権威あるトラベルガイド「フォーブス・トラベルガイド 二〇二一年版」において六年連続で五つ星を獲得しています。

従業員の習慣をデザインする

組織文化を変革する際には、このように本来は内部で完結するメッセージを外部にも伝える仕組みを持つことで、パーパスへのコミットメントをより強固にしていくことができます。

ほかにには、ブランドブックに記すような内容を広告として発信する手段もあります。これは経営の方針が変わったことを世の中に示す意味もありますが、じつはインナーブランディングとしても有効です。「外を通じて中に伝える」ことで、従業員のエンゲージメントを高める効果が期待できます。

また、「習慣のデザイン」には、こんな方法もあります。

ファッションブランド「グローバルワーク」「ニコアンド」「ローリーズファーム」などを展開するアダストリアでは、「Play fashion!」というスローガンのもと、ファッションやクリエイションを通じて、世界中の人々にたくさんのワクワクを伝えることをミッションとしてきました。

しかし、アダストリアの従業員は店舗スタッフまで含めると、全国で数千人という規模に上ります。そこで同社では、その従業員のひとりひとりに、絶えず「Play fashion!」というスローガンを意識してもらうため、自分がファッションやクリエイションの仕事を通じて、どんなワクワクを創造していくのか、その実現に向けたアクションプランをカード（「Play fashion!カード」）に一年ごとに書き、身に付けてもらう取り組みを行っています。

顧客にサービスを提供する企業には、「クレド」という従業員の行動規範をまとめたものがあります。この「Play fashion!カード」も「クレド」の一種と感じられるかもしれませんが、その意図するものは少し違います。

あくまでも「クレド」は、会社から従業員に与えられるものです。そのため、ブランド

アダストリア　Play fashion!カード

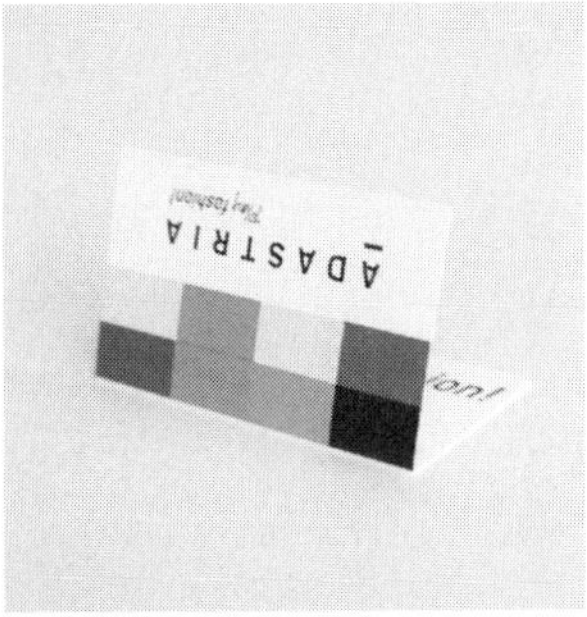

ブックと同じように、ただ一方的に与えられるだけでは、それぞれの従業員の意識の差によって内容の理解度や行動への反映の度合いが違ってきてしまいます。

反対に「Play fashion!カード」では、スローガンの実現に向けた行動方針を会社が指示するのではなく、従業員が自分の言葉に置き換えてもらうことに意味があります。「アクションプランを自ら考えてまとめる」という作業により、会社のスローガンと日々の業務とのつながりを各自が意識する習慣をデザインしているのです。

デザイン経営は「やりがい」も創出する

パーパスを設計する「考えのデザイン」のあとの、それを浸透させるための「カタチのデザイン」のフェーズは、次のようにまとめることができます。

パーパスを目に見えるカタチにする→振り返る仕組みを作る→習慣にする

パーパスは言葉だけでなく、具体的なビジュアルや体験に転換することで、より深く、意味がブレることなく伝えることができます。また、パーパスに触れる機会を仕組み化することで、パーパスを意識することがひとりひとりの従業員の習慣となり、行動が変わり、独自の組織文化が育っていきます。

それは従業員にとって、「やりがい」の創出にもつながります。

アメリカの心理学者アブラハム・マズローが提唱した、人間の欲求と自己実現の関係について考察した「欲求段階説」という理論があります。

人間は低次の欲求から、より高次の欲求の充足を目指すとしたもので、生理的欲求や安全欲求といった生存に関わる欲求が満たされると、人は社会に居場所を求め（社会的欲求）、仕事に達成感を求めるようになり（自我欲求）、最終的には「あるべき自分になりたい」（自己実現欲求）と欲求の階段を自己実現に向けて登っていくとマズローは唱えました。

この理論でいうと、金銭や地位など他人と比較できる価値を求めるのは、低次の欲求の充足にあたります。しかし、「人はパンのみにて生きるにあらず」という言葉もあるように、人間は報酬のためだけに働くわけではありません。仕事においては、「こういうことをしたい」という高次の欲求と、企業のパーパスが合致したときが、最も幸福な状態でしょう。

日々の仕事を通じて社会を変えていける手応えを得られるからです。

また、慶應義塾大学の前野隆司教授は、『幸せな職場の経営学』などの著書で、「幸福度の高い従業員の創造性は三倍、生産性は三一％、売上げは三七％高い」というアメリカの研究データを紹介しながら、従業員の幸福度と生産性や創造性は相関していると考察しています。従業員がやりがいを感じられる環境を作ることは、業績にも良い影響を与えるのです。

そして、パーパスを基点とした経営を行うと、採用も変わります。会社の価値観をパーパスとして掲げることで、それと近い価値観を持った人が集まるようになります。

これはとくに地方の中小企業にとって影響が大きく、本章の冒頭で紹介した中川政七さんも、「奈良の中小企業では手の届かないような優秀な人材が採用できるようになった」と語っています。

豊かな組織文化からイノベーションは生まれる

パーパスの実践である「カタチのデザイン」は、組織文化だけが対象ではありません。パーパスを社会実装へつなげる「価値創造のデザイン」も行っていかなければなりません。そこで次章では、パーパスを基点にいかに価値創造を行っていけばいいのか考えていきます。これはイノベーションの創出に直接関わる分野ということもあり、デザイン思考の方法論など、先行研究や実践例も多く出ています。

しかし、本書では「価値創造のデザイン」よりも先に「組織文化のデザイン」の説明から始めました。これには私なりの意図があります。

私たちはイノベーションに関して、ひとりの天才が生み出すかのようなイメージを抱きがちです。

しかし、立命館大学経営学部の八重樫文教授は、立命館大学DML（Design Management Lab）の安藤拓生さんとの共著『デザインマネジメント論』の中で、「個人の資質や能力に焦点を当てて説明されること」の多かったイノベーション創出において、「実際には極めて組織的に行われているということを見落としてはならない」と指摘しています。これはつまり、イノベーションを生み出すには、個人が創造性を発揮できる環境やチームをデザインすることが欠かせないということです。

事業開発の手法だけを経営に導入しても、それを支える組織文化がなければ有効に活用することはできません。デザインの力を「課題の発見と解決」ととらえるのは間違いではないですが、あまりにも見方がイノベーション創出に寄りすぎていると、この重要なポイントが意識されず、結果として事業開発もうまくいかないと感じています。

その点を踏まえていただいたうえで、次章では、パーパスを基点にいかにイノベーションを生み出していけばいいのかを考えていきます。

第04章

価値創造をデザインする

新しい価値創造のための三つのポイント

前章ではデザイン経営における「組織文化のデザイン」について述べました。次は新しい製品やサービスの開発といった「価値創造のデザイン」を行っていくための方法論について考えていきます。

価値創造のデザインにおけるポイントは、次の三つにまとめられます。

① 人々のまだ見えていないニーズの発見

② すぐに具体的なカタチにし、顧客に問いながら行きつ戻りつする

③ 最初の段階からデザイナーが参画する

まず、これだけモノやサービスに溢れた現代の社会では、誰もが気付くような分かりやすいニーズ（顕在ニーズ）に応えるだけでは、事業として生活者の購買欲を刺激することは難しいでしょう。本人も自覚していないようなインサイト、つまり潜在的なニーズを引

価値創造の3つのポイント

人々のまだ見えていないニーズの発見

モノやサービスに溢れた現代の社会において、
インサイトのような、本人も気づいていないような、
潜在的なニーズを引き出す

**すぐに具体的なカタチにし、
顧客に問いながら行きつ戻りつする**

全行程の計画を立ててから実行するのではなく、
すぐカタチにして顧客からのフィードバックをもらって
改良するトライ&エラーのプロセス

最初の段階からデザイナーが参画する

見た目をきれいに整えるだけでない、
広義のデザインを事業開発に活かしていくため、
コンセプト作りや計画の時点からデザイナーを入れる

き出すことが求められます。

詳しくは後述しますが、「アジャイル」という手法で開発を行っていくことも大切です。あらかじめ開発における全行程の計画を立ててから実行するのではなく、まずカタチにして、そのフィードバックを顧客から得ながら改良していく。このトライ&エラーのプロセスが価値創造には欠かせません。

そして、デザイナーが開発の上流から参加することは、組織文化のデザインとも関わる重要なポイントです。

経営者がデザイナーを有効に活用するには

第2章でも少し触れたように、経営のパートナーとなる「デザイン責任者(CDO＝Chief Design Officer)」の設置も検討してほしいと思います。CDOとは製品・サービス開発について経営メンバーと密なコミュニケーションを行うだけでなく、事業戦略といった組織全体の重要な意思決定にもデザインの視点から参画するデザイナーのことです。

日本ではまだまだ少ない役職ですが、アップル、ナイキなど世界を牽引する海外の企業では、CDOが壮大なビジョンを持つ経営者の伴走者となっているケースが珍しくありません。

とくにアップルのデザイン部門を長年にわたって率いてきたジョナサン・アイブは有名です。iMac、iPod、iPhone、iPadなど、同社の主要プロダクトはアイブと彼のデザインチームの手によるものです。いまも創業者スティーブ・ジョブズの事業にかける「思い」を製品から濃厚に感じられるのは、紛れもなくアイブの功績であり、デザインと経営の理想的な関係といえます。

あるいは、シリコンバレーのスタートアップでは創業メンバーの一員にデザイナーが含まれるケースも増えており、経営の意思決定にデザイナーが関与することでアイデアの素早い実装と軌道修正を可能にしています。これは顧客体験が重視される時代において、企業の競争力に直結しています。

このような海外企業のトレンドと異なり、組織内にデザインの機能がある日本企業では、マーケティング部門の中にデザインの部署が置かれていることが多々あります。

しかし、デンマーク・デザイン・センターCEOのクリスチャン・ベイソンは、それを「いちばんやってはいけないこと」と戒めています（特許庁『「デザイン経営」ハンドブック』）。このような組織構造は往々にして、デザインの発想をマーケティングの枠内に狭め、デザイナーの創造性を発揮しづらくしてしまうからです。

私自身は経営者にもデザインのスキルとマインドセットを身に着けていただき、デザイン経営を推進する人材として活躍していただきたいと思っています。しかし、具体的なアウトプットを生み出すには、高い専門性と経験がなければできません。だから、想定されるアウトプットに対して専門性をそなえたデザイナーを、最初からチームに加えて開発にあたることが必要なのです。

例えば、近年のＩＢＭはグローバルで八万人以上の社員にデザインのスキルを身に着けさせるための投資を行い、一〇〇〇人を超えるデザイナーを採用しています。ＡＩなどを活用して新たな顧客体験を創出することを喫緊の課題と捉えている同社は、様々な部署とデザイナーのコラボレーションを推進することで、製品やサービスのスタイリングだけでなく、顧客体験そのものを改善してきました。

つまり、見た目をきれいに整えるだけでない、広義のデザインを事業開発に活かしていくためには、ここは企画部門が担当、ここはマーケティング部門が担当、ここはデザイン部門が担当……というように開発プロセスを縦割りにするのではなく、デザイナーが開発の上流から参加し、そのうえで複数の部門と協業しながらプロジェクトに取り組む必要があります。

これはデザイナーの力を正しく活かすためでもあります。

以前、ある案件の調査のため、リサーチの専門家たちと一緒にクライアントへインタビューに行きました。その話の中で、私は最終的なアウトプットにつながる重要なキーワードを見つけていたのですが、後にリサーチの専門家たちからもらった詳細なレポートには、そのキーワードは記されていませんでした。

彼らの能力が低かったわけではありません。着眼点の置き方に原因があります。

デザイナーは基本的にアウトプットを想定しながら一次情報を集めていきます。例えば、経営者がふともらしたひと言が、じつはアウトプットの方向性を規定することがあると経験的に知っているのです。だから、些細な言葉をキーワードとしてとらえることができたのだと思います。

誰かがまとめた情報を受け取るのではなく、プロジェクト全体に並走しながらインプットしてもらう。それがデザイナーを有効に活用するための大事な要素なのです。

こうした組織におけるデザイナーの活用法を踏まえたうえで、具体的に価値創造のデザインを実践する工程を見ていきましょう。

デザイン思考の五ステップ

価値創造のデザインでは、いわゆる「デザイン思考」の手法が参考になります。

あらためて説明すると、デザイン思考とは、デザイナーが培ってきた思考様式を、ビジネスに活かすためのアプローチとして抽象化・体系化したものです。企業はデザイン思考のアプローチによって顧客の課題を発見し、その解決にあたることで新たな事業を開発できると提唱しています。このデザイン思考を社員に実践させるだけでなく、経営者自身も理解し、実践・支援していくことが重要です。

デザイン思考を研究・発信している、スタンフォード大学ハッソ・プラットナー・デザイン研究所（d.school）によると、それは次の五つのステップで構成されています。

①共感…ユーザーを理解する

②定義…正しい課題を設定する

③創造…アイデアをカタチにする

④プロトタイプ…学ぶために試す

⑤検証…ユーザーのフィードバックを得る

その内容と実行プロセスについては、d.schoolが自ら、「デザイン思考家が知っておくべき三九のメソッド」としてウェブ上に無料公開しています。詳細はそちらを参照していただくとして、ここでは五つのステップを私なりの解釈を交えながら、ざっと説明してみたいと思います。

ユーザーへの共感と課題の定義

デザイン思考の出発点は、ユーザーに対する「共感」です。

そのために、デザイン思考はターゲットを観察するところからスタートします。ユーザーの課題を知るためには、彼らがどんな人物であり、どんなことを重要に思っているか。その心理に共感するプロセスが欠かせません。

では、どうしたら見ず知らずのユーザーに共感できるのか？

既存の製品やサービスをユーザーがどのように利用し、またどのような不満を抱いているのか徹底的に調べる必要があります。ユーザーインタビューに加え、実際に製品・サービスが使われる生活の場で調査することも大切です。そこでの行動観察を通して、言葉だけでは表現されない本音を洞察するのです。

ユーザーインタビューや行動観察から情報が得られたら、その情報に意味付けを行います。ユーザーが求めていることは何か、彼らにとってのニーズとは何かという問いから、具体的な課題の「定義」へと落とし込んでいきます。

デザイン思考　5つのステップ

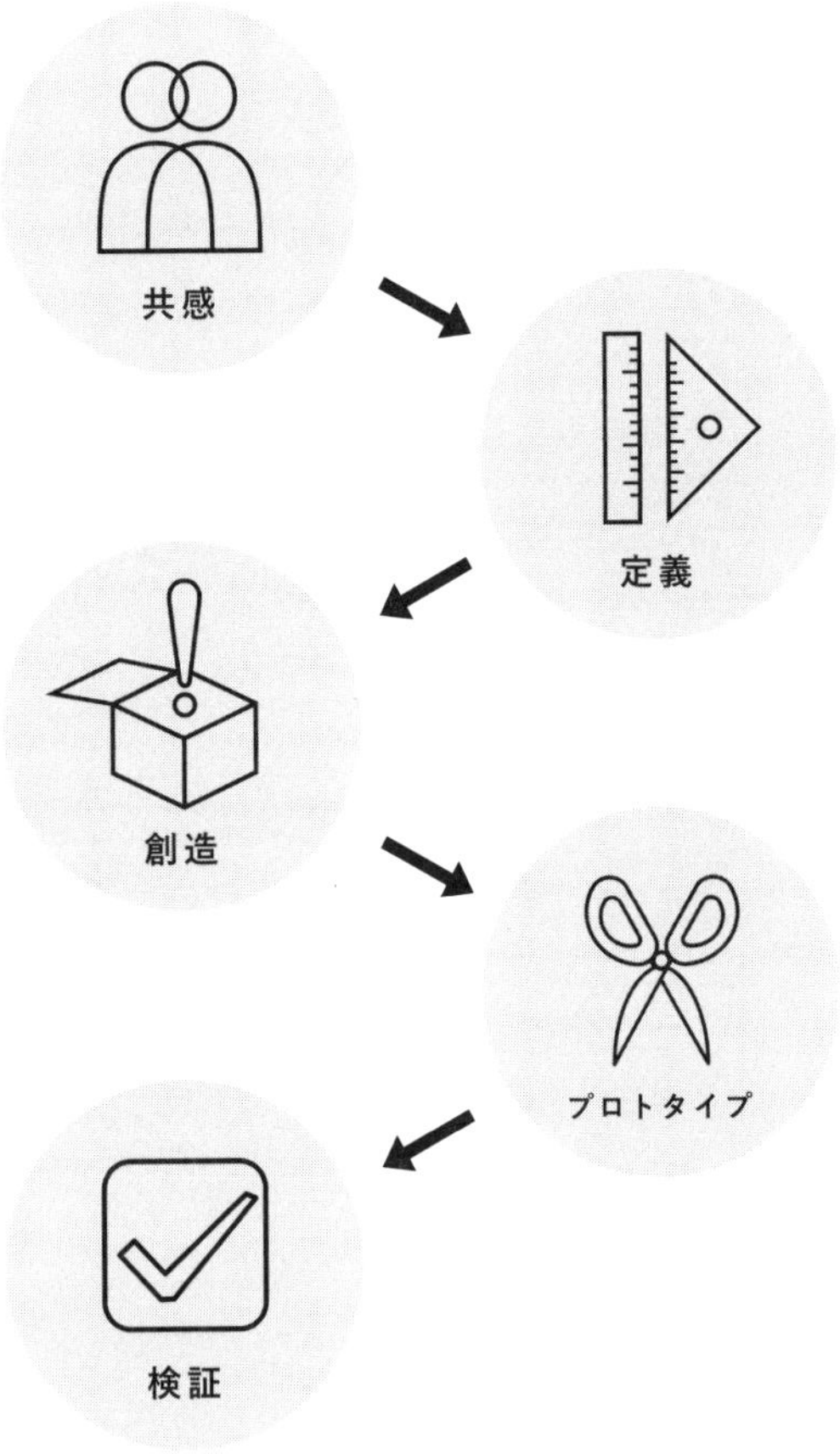

企業にとってありがちなことは、「どうすればこの製品を○万台売ることができるか」と課題を設定してしまうことです。ここでは企業側の都合ではなく、あくまでユーザーのジョブ（困っていること）にフォーカスしなければなりません。もしあなたが掃除機の開発者であれば、「どうすればストレスなく掃除ができるのか」「どうすれば掃除にかける時間を短くできるか」「そもそも部屋を汚れにくくする方法はないか」などと考えてみましょう。

課題の定義がズレてしまうと、その解決策もユーザーのニーズからかけ離れたものになってしまいます。そのため、このプロセスでは、本当に定義が間違っていないか、仮説の設定とリサーチを繰り返しながら、慎重に中身をブラッシュアップしていくことが欠かせません。

解決するためのアイデアを創造する

次の「創造」のステップは、ターゲットが抱える課題の解決策を創造する、アイデア出しのプロセスです。

ただし、ここでアイデアの質を厳しく追求してはなりません。良質であることに越したことはありませんが、この時点ではハイクオリティなアイデアを出していくというよりも、思いつく限りたくさん出していくことのほうが重要です。いきなりアイデアの質を追求してしまうと、メンバーを萎縮させてしまい、自由な発想を妨げる可能性があるからです。デザインコンサルティングファームのIDEOでは、ブレインストーミングの際、プロジェクト担当以外のメンバーも集まってアイデア出しを行うそうです。考える環境に制約が加えられたり、刺激が与えられたりすることで、よりスムーズな創造が可能となります。その時に、アイデアを一方的に否定するのは避けなければなりません。様々な視点を持つメンバーが集まっているチームの良さを引き出すことにつながらないからです。

d.schoolの研究によれば、アイデア出しとアイデア評価は分けて行ったほうが高い生産性が期待できるとあります。たとえ誤解から生まれたものであっても、それを受け止めながら議論を先に進めることで、他人のアイデアに乗っかりながら新しいアイデアにたどり着くこともあるのです。我々の普段の仕事においても、まずどのくらい可能性を見つけられるかを追求します。アイデアを出す打ち合わせでも、あえて結論は出さずに、アイデアを温存しておくことがあります。判断をしてしまうと、方向性が絞られてしまうからです。

プロトタイプを作り、検証する

アイデア出しが終わったら、最終的な解決策にたどり着くため、それを具体的なカタチにしてみます。言葉にするだけでなく、実際にプロトタイプを作成することで曖昧だったイメージが具現化され、検証可能なものとなります。

これは創造のプロセスでアイデアを絞り込み、ひとつのプロトタイプだけを作る、ということではありません。複数のアイデアをカタチにしてみることで、あらゆる方向からイノベーションの可能性を探るのです。「まずやってみる」「考えるために作る」というデザインの精神を忘れてはなりません。

プロトタイプは、ユーザーと対話できるものであれば何でも構いません。ストーリーボード、モックアップ、簡単なスケッチでもいいでしょう。あくまで可能性の検証に意義があるので、プロトタイプの品質を上げることよりも、低品質でも素早くカタチにすることを意識するのです。

そして、「検証」のフェーズです。プロトタイプに対してユーザーからフィードバックを得ます。その際にはユーザーが実際に生活している、製品やサービスが使われる環境の中でテストすることが理想的です。

そこで得られたフィードバックから改善点を明確にしていきます。これは同時に、ユーザーに関するより深い洞察を得るためのプロセスでもあり、この過程を経ることで、課題設定の精度をさらに上げることもできます。

観察に基づく仮説の設定と、それを解決するアイデアの具体化と検証を繰り返しながら、最終的にハイクオリティなアウトプットを目指していく。これがデザイン思考の一連のプロセスです。

このプロセスを適切に実行するためには、現場に意思決定の裁量が与えられていなければいけません。というのも、一般的な日本企業の組織構造では、新しいアイデアが出ても、「(実行する前に)まず上に確認しよう」となり、プロセスが止まってしまうことが珍しくないからです。

デザイン思考とは常に手を動かし続け、アウトプットの精度をブラッシュアップしていく手法です。何かを決定するたびにできるかできないか確認していたら、スピードが遅くなり、本末転倒となってしまいます。
デザイン思考の観点からも、デザインを担当する部門やリーダーは経営と近い関係である必要があるのです。

失敗を恐れない文化がなければ機能しない

製品・サービスを世に出したあとは、いわゆるコミュニケーションの段階です。広告やPRなどの領域になります。想定したお客さんに向けて情報を発信し、体験を促していきます。そして、ユーザーから体験の評価を得て、次なる改善につなげていきます。発売後もデザイン思考のプロセスは終わりません。

このようにトライ&エラーを繰り返す開発手法は、「アジャイル（Agile＝素早い、俊敏）」とも呼ばれています。もともとはソフトウェア開発の世界で普及したコンセプトですが、環境変化が激しく不確実性の高い時代において、様々な業種に応用されています。

この「アジャイル」な開発の実践はデザイン思考の基本であり、イノベーションを生むために欠かすことができない心構えです。デザイン思考の第一人者である、IDEOのデヴィッド・ケリーとトム・ケリーも、「クリエイティブな組織を築くためには、創造力に対する自信が欠かせない」として、失敗を糾弾するのではなく、挑戦を奨励することの重要性を、共著『クリエイティブ・マインドセット　想像力・好奇心・勇気が目覚める驚異の思考法』の中で繰り返し述べています。

日本企業では「失敗しないように、ちょっとしたこともできるだけ完璧にやる」という考え方が根強くあります。これは高い技術力や職人技を支える美徳ではありますが、価値創造のデザインにおいては、「失敗を恐れず、何度も挑戦する」という考え方も必要です。

とくにリリース後も比較的容易に改善ができるデジタルの世界では、小さい失敗を重ねて大きな成功を狙うという発想がビジネスの成否を分けるようになっています。

「その課題解決は、自分たちがやるべきこと?」

しかし、こうした課題解決のフレームワークには、デザイン経営を実践するうえで気を付けるべき点もあります。

確かにこれらの手法は、課題の発見・解決には明確に効果を発揮します。ワークショップなどを通じてアイデアを自由に出し合うことも、人材育成の側面で良い影響を及ぼすでしょう。

ただ、製品・サービスのアイデアをユーザーの観察から発想することに重きを置きすぎると、肝心の本業との結びつきが弱くなってしまい、実装に結びつかないことが少なくありません。「アイデアは面白いけど、それってうちがやるべきことなの？」となってしまうのです。既存の技術シーズとの連携も考慮する必要があります。

このように課題解決の手法を導入するだけでは、経営における価値創造のデザインとして足りないものがあります。私はデザインが本来もたらす〝質〟のブラッシュアップにも目を向けなければならないと考えています。それは使いやすさや、造形の好ましさの追求だけを意味しません。デザインによって、その企業なりブランドなりの〝らしさ〟を、製品やサービスに込めることが求められるのです。

つまり、ユーザーにフォーカスする一方で、「自分たちは何を提供する会社なのか？」と事業の本質にも絶えず目を向けることがデザイン経営では必要になります。それはパーパスを参照点にしながら、デザイン思考を実践するということです。

実際、アジャイル開発においても、高速でトライ&エラーを繰り返す過程で本来の目的が見失われるリスクが指摘されています。そのためにチームが目指すべき「北極星」を決めることが推奨されているのですが、これは従業員が共感できる指針を示すことで、開発プロジェクトに一貫性を保つことを意味しています。要するに、組織が目指すべき方向性を明らかにするということであり、パーパスに相当します。

経営層から「事業を通じて環境問題の解決に貢献する」というパーパスが示されていれば、現場にはデザイン思考のステップを進める中で、「そのアイデアは環境問題の解決に貢献しているのか？」と常に本質を検討していくことが求められます。

例えば、ネスレ日本の「イノベーションアワード」は、すべての社員からイノベーションのアイデアとそれを実際に実行して検証した結果を募集するコンテストですが、これも「新規事業であればアイデアは何でもいい」というものではありません。同社が掲げる「食の持つ力で、現在そしてこれからの世代のすべての人々の生活の質を高めていきます」というパーパスに沿っていることが条件になります。

ネスレ日本でイノベーティブな事業を起こすためには、顧客の課題を発見するだけでなく、「その解決はネスレがやるべきなのかどうか」も考える必要があります。経営層にとっては二〇〇〇人を超える社員に、「ネスレは何のために存在する会社なのか」を意識してもらう機会でもあり、パーパスを基点にした組織文化の形成と事業創出の両方に資する仕組みといえます。パーパスのような制約があると、アイデア出しの自由を阻害するのではないかという意見もあります。しかし、私はデザイナーの実感として、向かうべき方向が明確な方が、無駄なくゴールに辿り着くことができ、まったく自由な状態より制約を設けた方が、より良いアイデアが出ると考えます。もちろん、考えのデザインからカタチのデザインまで、一貫性が生まれるのは言うまでもありません。

技術の見直しによるイノベーション

また、デザイン思考による顧客の潜在ニーズの発見だけが、価値創造の手段ではありません。既存の技術シーズを見直し、その新しい活用法を考えることでイノベーションが生まれた例もたくさんあります。むしろ、これは独自技術の開発に秀でた日本企業が得意な分野ともいえるでしょう。

二〇〇〇年代初頭、写真フィルムの需要が大きく減少し、根本的な事業転換を余儀なくされた富士フイルムは、今後は組織の知恵を融合して新しい価値を創ることが重要だとして、「融知創新」というコンセプトを掲げた研究開発の組織改革と技術の棚卸しを行いました。

そこであらためて注目されたのは、有機物を細かくするナノ分散技術と、写真の退色を防ぐ抗酸化技術でした。同社はこれが化粧品に応用できることを発見し、いまも続くヒット商品である「アスタリフト」を誕生させました。

富士フイルムは医薬品事業や再生医療事業にも進出していますが、そこにも写真フィルムで培った技術が活かされています。技術シーズから新たな価値を創造し続けるだけでなく、社会課題の解決にも貢献しているのです。

〈写真フィルムという商品には寿命があっても、技術に寿命はありません。本質を見抜き、その価値を別の領域に生かすことで、新しい付加価値を生み出せます。〉

富士フイルムの副社長兼CTO（最高技術責任者）を務めた戸田雄三さんは、「日経クロステック」の取材（二〇一六年八月一〇日配信「『事業転換』成功の秘訣　富士フイルムCTO」）に対し、事業の多角化についてこう語っています。

加えて、組織の上流にいる人間が「明日の夢を語る」ことの重要性も説き、

〈日本人は失敗を恐れすぎです。私は、周りの人に失敗したことがないと言っています。なぜなら大きな目標を持って、それに少しでも近づいたら、それは失敗ではないからです。

日本の企業や経営者は、もっと大きな目標を持ったほうがいい。そうすれば失敗はなくなります。小さい目標を立てて、細かなことでその通りにならないと失敗というレッテルを貼ってしまう。これでは元気になれません。経営者が大きな目標を掲げることで、日本は変われると思います。〉

と挑戦を支える経営者としての心構えにも言及しています。

実際、富士フイルムは社内に専門のデザインスタジオを持ち、コア技術の使い方や応用する分野をデザインの視点によって広げることでイノベーションを起こし続けている「デザイン経営」の実践企業でもあります。

グッドデザイン賞の常連企業としても知られ、二〇一七年には二〇、二〇一八年には二九もの製品が受賞しています。そして、二〇一九年には写真現像の技術を応用した「結核迅速診断キット」が大賞に輝きました。アメリカのコンサルティングファーム「イノサイト」が選出する「企業変革をもたらすイノベーションに成功してきた二〇社」でも、日本企業から唯一選ばれています。

意味の付与によるイノベーション

また、デザインの視点を活用すれば、既存の技術に新しい「意味」を付与することでもイノベーションにつながります。

これをミラノ工科大学教授のロベルト・ベルガンティは「意味のイノベーション」と呼

んでいます。彼によると、「書きやすく手の汚れないペン」を考えるのが課題解決だとすれば、「インクを入れたペンで文字を書くことに、どんな意味があるのか」を考えるのが意味のイノベーションにあたります。

この有名な例が、任天堂の家庭用ゲーム機「Wii」です。

二〇〇六年に発売されたWiiは、ゲームの可能性を大きく広げたプロダクトとして大ヒットし、世界的に高く評価されています。リモコン型のコントローラーをバットやラケットに見立てて振り回すことから生まれる、新機軸のゲーム体験は、それまでビデオゲームに興味がなかった層にも家庭用ゲーム機を届けることにつながりました。

ベルガンティは著書『デザイン・ドリブン・イノベーション』で、その意義を次のように解説しています。

〈Wiiではゲーム機で遊ぶ意味が再度、見直されている。ゲームをやり慣れた若者が、何の抵抗もなくバーチャル世界で夢中になるといった意味はWiiにはない。Wiiの意味は、どの年代の人でも、現実世界で体を動かして楽しめるというものであり、ときには運動するという意味になる。〉

この新鮮な体験を支えた「リモコンの動作感知技術（加速度センサー）」は、携帯電話などですでに普及しており、特に革新的な技術ではありませんでした。

しかし、任天堂はこの〝枯れた技術〟を新しい体験の創出に使うことで、ビデオゲームが与える体験を、「画面に釘付けになってプレイする」といった意味から、「体を動かす」「運動する」といった意味に転換したのです。

Wiiは技術開発というよりも、技術の〝使い方〟を変えることによってイノベーションを生んだケースであり、まさにデザインの発想によるイノベーションの成功例といえます。

様々な手法の良いところを合わせる

価値創造のデザインについて、少し振り返ってみましょう。

デザイン思考では、ユーザーの課題から発想することを非常に重視しています。自分たちだけで何を作るべきか考えるのではなく、ユーザーへのインタビューや行動観察による課題発見を基本としているのです。しかし、こうした特徴を持つデザイン思考に対して、違う立場をとるデザイナーも少なくありません。

一方、意味のイノベーションは、必ずしもユーザーの観察と、そこから見出した課題の解決からアイデアを発想するわけではないところに特徴があります。自分自身の気付きや問題意識が出発点です。

先ほど紹介した『デザイン・ドリブン・イノベーション』の冒頭では、デザインで名高いアルテミデの会長が「我々は、顧客の観察、市場の分析やニーズから製品を作っているのではない」と言って、アメリカの経営学者を驚かせたエピソードが書かれています。ベルガンディは「日経クロストレンド」の取材に対してこう述べています（二〇一九年四月二三日配信「『意味のイノベーション』で、問題の本質自体を改めて問い直せ」）。

〈デザイン思考は、三つの原理を特徴としています。ユーザー理解から始めること、アイデアを大量に出すこと、そして素早くプロトタイプを作ることです。ユーザーから始めることは問題解決には有効です。しかし大きな方向を変えるイノベーションをめざす場合は、今ある現場にフォーカスし過ぎず、状況をリフレームし、意味

を問い直す必要があります。（中略）

例えば、富士フイルムのインスタントカメラ「チェキ」の成功は、意味のイノベーションの好例でしょう。チェキでは問題解決につながりません。誰もインスタントカメラの機能を求めていないからです。今はSNSが全盛で、写真を撮ったら誰もが無料ですぐに共有できます。しかし、印画紙（原文ママ）を買って、たった一枚のプリントに、手書きのメッセージを書いて相手に渡したら、それは写真ではなく、かけがえのない贈り物になります。特別な記憶の印です。だから大きな価値になるのです。〉

最近では、「デザイン思考はもう古い、次は意味のデザインだ」「いやアート思考だ」と言う人まで出てきました。しかし、私自身が提案したいのは、どれが正しいか決めることではなく、デザイン思考でも意味のイノベーションでも、それぞれの良い点を引き出しあうことです。それがデザイン経営の概念図（64ページ）で示したかったことです。

経営の出発点をユーザーの観察による課題発見ではなく、社会に対する強い思い＝パーパスとすることで、自社が進むべき方向をはっきりとさせます。自分たちのなすべきこと、つまり事業の「意味」を自らの内側に見出すのです。それを顧客にとっての価値に転換して提供するものが個々の事業です。

ただ、当然ながら事業化には「思い」だけがあればいいわけではありません。それが本当に顧客にとっての課題解決に貢献しているか。そこを厳密に考えなければ価値にはならないからです。その検証は、まさにデザイン思考がしっかりと方法論化している部分であり、参考にすべき点です。

自社の「らしさ」を追求しよう

さて、これまで何度も「デザインは造形を整えるだけでない」「デザインは目に見えない設計が重要だ」と語ってきましたが、本章の最後に、ひとりのデザイナーとして、製品やブランドの「目に見えるカタチ」の重要性も強調しておきたいと思います。

というのも、デザイン業界はデザインの重要性をビジネスパーソンに伝えるため、「デザインは普遍的な人間の能力だから、カタチを作れるかどうかは重要ではない」と言い過ぎてしまった印象があります。

しかし、経営にデザインを取り入れる目的が、ビジネスにデザインの創造性と美意識を加えることにあるのだとすれば、経営者には「美しいカタチ」をゼロから作り出すことの価値にも目を向けてほしいと思うのです。

そして、その「美しさ」は外側から付け足すものではなく、企業の内側を探求することでしか見出されません。iPhoneにしても、マーケティングをしてユーザビリティを追求した結果のデザインではなく、アップルの〝らしさ〟をこれでもかというほど宿したからこそ、爆発的に受け入れられました。

とはいえ、企業の内側からの視点だけでは、この〝らしさ〟を見失ったり、せっかく見出しても、うまく言語化できずに埋没させてしまったりすることがあります。ビジネスには無数のタスクがあるので、そのままでは〝らしさ〟は置き去りにされたまま、時間の流れに飲み込まれていきます。そこで客観的な視点で自社の本質を追求し、具象化する作業を定期的に行っていく必要があります。

それを担うのが、物事の本質を追求し、そこから抽出したエッセンスを具現化できるデザイナーという職種です。

二〇一八年五月の「デザイン経営『宣言』」は、日本企業がデザインをうまく取り入れられず、グローバルな競争環境で弱みとなっている問題意識から発表されたと述べました。それは同時に、デザイナーの「美しいカタチ」を作る能力や可能性をもっと信じてほしいという日本のビジネスパーソンへの提言でもあります。

成熟した社会では、「考えのデザイン」はもちろん、「カタチのデザイン」の重要性もますます高まっていくに違いありません。社会の複雑さが増していくとともに、デザイナーがデザインすべき領域も、この先どんどん広がっていくでしょう。

そのとき、製品やサービスのカタチが美しくなっていくことは、私たちの暮らしを豊かにすることにつながり、さらには、社会全体の質を上げることにもつながっていくと思うのです。

再び、デザイン経営とは何か

デザイン経営とは、パーパスを基点にしながら固有の組織文化を構築し、新たな価値を創造し続けることです。

社会に提供したい価値を明確にするだけでなく、その理念を組織に浸透させ、自分たちの事業で実践する。そして、変化の激しい時代において、真に顧客価値のある製品やサービスを作り続けることで、持続可能な経営を目指していくものです。

デザイン経営の実現のために、ひとりひとりのビジネスパーソンが身につけるべきものが、本書で再三述べてきた「創造性」と「美意識」です。

創造性を鍛えるためには、まず感じる力を大切にしましょう。すべての創造性は、自分の違和感や気付きから生まれます。身の回りから、世界の出来事まで、スコープを広げてみれば、創造の種は無限にあるはずです。そして勇気を持って、自分の手で具体的なカタチにしてみましょう。「考えのデザイン」と「カタチのデザイン」を行き来しながら、本当にやるべきことか考えてください。最終的なアウトプットが単にきれいに整っているだけでなく、「考え」と「カタチ」の関係をしっかりとつなげ、整合性をもたせることが大切です。

これはまた、美意識にも通じる考え方です。

どんな企業の製品・サービスにも、根底にはそれを世に送り出した人々の「思い」が流れていきます。デザイナーは具体的なカタチを作るとき、その「思い」もデザインしていきます。それはつまるところ、企業が生活者から共感され、必要とされ続けるためには、どんな存在を目指すべきなのか。そういう戦略を考えることです。

経営者には同じ人がいないように、経営者の「思い」が反映された企業やブランドにも、本来まったく同じものはないはずです。技術革新が進み、社会が高度に均質化するほど、そこにしかない〝らしさ〟が求められ、それぞれの〝らしさ〟を発揮することが、未来が不確実な時代において、企業がその存在を世の中に確立させることにつながります。

人を中心に「より良く」を追求するデザインは、〝らしさ〟の追求によって企業経営を革新し、人の生活を、未来の社会を、より良くしていきます。それは大げさにいえば、社会に多様な価値観を広げ、多様な生き方を支えることだと思うのです。

世の中にデザイン経営を実践する企業があふれている未来を想像してみてください。それはたくさんの魅力ある選択肢が広がっている世界です。そういう世界を実現することは、私たちが社会から問いかけられている多くの課題を解いていく力になるでしょう。

デザイン経営を通じて、あなたやあなたの会社が、社会に多様な広がりをもたらしてくれることを願っています。

特別対談

企業経営のリアルとデザインの関係

これまでデザイン経営の先行事例は大企業が中心でした。しかし、じつは地場産業を支えてきた中小企業こそが、コロナ禍をはじめとする時代の逆風にさらされる中、変化していかなければならないという切実な思いを抱えています。では、中小企業の経営者はデザイン経営に対して、どんな印象を持ち、導入のハードルをどのように感じているのでしょうか。ビジョンに基づく多角化経営を推進し、北海道を拠点に五〇を超える様々な事業を展開。年商二〇〇億円に迫る規模に自社グループを成長させた、ヤマチユナイテッド代表の山地章夫さんに、企業経営とデザインの関係についてうかがいました。

山地章夫
（やまち・あきお）

ヤマチユナイテッド・グループ代表。一九五五年生まれ、北海道札幌市出身。年商数億円～数十億円の事業を次々と作り、ひとつの大きな会社のように運営する「連邦・多角化経営」を実践し、グループ全体で年商二〇〇億円の規模に成長させた。建築資材商社、戸建新築住宅、住宅FC本部、住宅・マンションリノベーション、インテリアショップ、家具製造メーカー、飲食事業、機能訓練専門デイサービス、同FC本部事業、イベント企画施工事業、経営支援事業をはじめ、住宅系産業を中心に五〇以上の事業を経営。著書に『会社を強くする多角化経営の実戦』『超実践！楽しく儲かる社風経営』（ともに小社刊）など

中小企業は社長のセンスが経営を左右する

永井　二〇一八年の「『デザイン経営』宣言」（以下『宣言』）は、どちらかと言えば大企業に向けた提言でした。しかし、日本の産業競争力を高めていくためには、日本の九九％を占める中小企業をデザインの力で改革していくことが欠かせません。そこで今回は、まさに中小企業経営者の代表格として、北海道を拠点に様々な事業を展開されている山地さんに、「デザイン経営」に対する率直なご意見をうかがいたいと思っています。

山地　ありがとうございます。初めて「デザイン経営」という言葉を聞いたときの正直な印象は……定義がよく分からないなと（笑）。

永井　それは私たちもよく言われます。だからこそ、デザイン経営の全体像を伝えるために本書を企画しました。

山地　中小企業は「社長がすべて」というところも多いんですよ。経営者のセンスが経営を左右してしまう。その中にはデザインを重要戦略と考えている人もいれば、そういうことは一切考えておらず、「デザインなんてコストだ」という人もいるわけですね。

でも、これは私の経営者としての実感ですが、中小企業こそデザインは重要です。絶対に取り入れたほうがいい。だから、定義はいろいろあるとは思いますが、「デザインを重視しないと、これからの経営はダメです」とガツンと言うくらいのほうが、中小企業の経営者には伝わるんじゃないかと思います。

永井 そのくらいの危機感を持って伝えたほうがいい、と。

山地 例えば、いまはコロナ禍の影響が中小企業にものすごくありますよね。それで下請けからの脱却を検討されているところがたくさんある。そういうときに、デザインの力がすごく役に立つんです。

ニュースで見たのですが、自動車部品の生産を中心にされていた地方の中小企業が、その鉄製品の加工技術を活かして高級フライパンを作ったら大ヒットしたそうです（愛知県碧南市の「石川鋳造」）。これはまさに「技術×デザイン」で成功した例ですよね。

下請け仕事が本格的にダメになってから自分たちの事業を作ろうとしても、もはや手遅れということになりかねない。まだギリギリ食べれているうちに自社ブランドを作る。そのためにもデザインを取り入れていく。中小企業はいますぐやったほうがいいと思っています。

永井　ＯＥＭしかやっていなかった中小の事業者が自社ブランドをつくるお手伝いをしたことがありますが、想像以上にいろんなメリットがありますよね。目に見えるカタチを作る狭義のデザインを入れるだけでも、中小企業には大きな効果があるとお考えですか。

山地　めちゃくちゃありますよ。小さな組織ほど名刺とロゴと事務所をきれいにしただけで、採用でも営業でもいいことがたくさんあります。僕の経営者仲間にも事務所をかっこよくするブームが来ています。

永井　では、中小企業の経営にデザインを導入するうえでの課題はなんでしょうか。

山地　『宣言』で「ＣＤＯ（デザイン責任者）」の設置を奨励されていましたが、中小企業はリソースが限られているから、この役割を社長がやらないといけないんです。でも、センスは自然に磨かれるわけじゃない。だから、身近なところに、「これをどう思う?」と相談できる人を見つけたほうがいいでしょう。外部のブランドマネージャーみたいな人です。いろんなアドバイスをもらっていくうちに、社長も触発されてセンスが良くなっていく。そういうことが必要じゃないでしょうか。

永井　デザインやクリエイティブの外部パートナーを持つことはとても重要だと思います。

山地　ですよね。困ったら何でも相談できるような人です。僕自身、そういう役割をしてくれた友人がいるんですよ。

永井　その方はデザイナーですか。

山地　広告代理店のクリエイティブの人です。高校の同級生なんです。僕が事業を立ち上げたときから相談に乗ってもらっています。でも、それは「プロに任せよう」ということではありません。クリエイターを崇拝して言いなりになってはいけないし、逆に下請けのように扱ってもいけません。経営者のセンスを鍛えるためのコーチという関係が理想です。例えば、ブランドのロゴをデザインしてもらったときに、「こういう意味があるから、このデザインなんだ」と教えてもらうと勉強になるじゃないですか。どんなデザインにも意味があるのだと分かり、審美眼が鍛えられ、デザインの良い悪いが判断できるようになっていく。この過程が重要です。

現在の弊社は社内からデザインが上がってくる仕組みになっていますが、大きな案件だと僕が決裁します。そのとき、僕にジャッジする力がなかったら、「プロはなんて言っている？」ということになってしまう。それだと自分ごとにならなくて、事業に対する情熱が少し冷めてしまいます。経営者としては、自分で「このデザインは最高だね！」と気持ち良く最終決定をしたいんですよ。

だから、デザインのセンスを鍛えることは大切だし、社長さんにはデザインに対する苦手意識を持たないでほしい。そうすれば、事業に情熱が湧いて、「どんどん新しいことをやってやろう！」という気になるのではないかと思います。

理念と事業の一貫性が壁を乗り越える力になる

永井　従来の日本企業の経営モデルでは、デザインのような感性の判断は外部もしくは内部のプロに任せ、経営者はあまり口出しをしないといったスタイルが多かったと思います。しかし、山地さんのお話では、そこを人任せにしていたら社長のデザイン感度が上がらず、事業へのコミットメントにもつながらないということですね。

山地　そうです。僕の経営者としての喜びは決断にあるので、「人任せでどうするの?」と思いますね。

永井　デザイン経営では、理念と企業活動の一貫性を重視しています。こうした理念との一貫性は、事業の成功にとっても重要だとお考えでしょうか。

山地　重要ですね。事業は必ずどこかで壁にぶつかる瞬間があります。そういうときに「世の中のこういう問題を変えたい、こんな素敵な会社を作りたい」という思いからスタートしていたら、「いまは苦しいけど、もういっちょ頑張ろう」とやれるんです。しかし、「これがトレンドだから」「儲かりそうだから」で始めてしまうと、挫けたときに、「大怪我する前にやめよう」となってしまいます。それだと現場の人間も壁を乗り越えた経験を得られず、成長していきません。

だから理念との一貫性は大切なんですが、ウチみたいにホールディングス制で多種多様な事業をやっていると、事業を拡大すればするほど、グループ企業ごとの横の一貫性がなくなっていくというジレンマがありました。「自分たちの仕事に集中したいのに、どうしてグループ企業の応援をしないといけないのか」と現場は思ってしまうんです。しかし、それだとホールディングスとしてやっている強みを発揮できません。

そこで今度はグループ全体の共通ビジョンを作りました。「一〇〇の事業、一〇〇の経営者を育てる」ことにより、一〇〇の「強み」を持った事業を生み、一〇〇の「個性」を持つ経営者が互いに連携を図り、競い合う。そうすることで北海道を「ライフスタイル&ビジネス先進国」にする。こういうビジョンを定めたことで、グループ企業の責任者たちにとって日々の活動の拠り所ができ、社員にも一体感が生まれたと感じています。これを「連邦経営」と呼んでいるのですが、こうしたことができるようになったのも、まさに理念を考え、カタチにするデザインの力があったからだと思います。

経営者が苦しいときほど理念は必要だ

永井　どんな企業にもビジョンやミッションといった理念はありますが、それが実態を伴わないお題目になっているケースも少なくありません。

山地　僕は長らく経営者をやってきて、「理念なしにどうやって経営をしていくのか」と本気で思っています。例えば、一九九七年に北海道の拓殖銀行が破綻しました。弊社も得意先の倒産が多発し、億単位の負債を抱え、事業のリストラもせざるを得なくなりました。

そのときにいちばん苦しかったのは、先のビジョンが見えなかったことです。赤字はなんとか解消できても、こっちに行けば明るい未来が待っていると思える指針を見つけられなかった。「これはいけるぞ」と思えるものを掴むまでの数年は本当に苦しかったです。

永井　理念は組織や事業だけでなく、経営者自身にとっても支えになると。

山地　そうです。ヤマチユナイテッドグループの役員で、「ジョンソンホームズ」という住宅事業の経営責任をしている川田という常務がいるのですが、彼もリーマンショックのときに同じ悩みに直面しました。担当事業会社が赤字になっただけでなく、次の一手が見えなかったんです。それでヒントを求めていろんな講演や研修に参加するうちに、自分たちに欠けていたのはミッションだと気が付きました。

そこで彼が見出したのが、「いつまでも続く、自分らしい幸せな暮らしを提供します」というミッションです。

従来の住宅事業は「家を建てた瞬間」がお客様の幸せのピークとして設定されていたようなものです。しかしそれではお客様の持続的な幸せを提供することにはなりません。そこで自分たちをハウスメーカーではなく、暮らしのサービス企業として再定義したのです。具体的には、住宅を販売するだけでなく、暮らしのサポートや充実したアフターサービスも提供する。住宅を購入された方が割引価格で購入できるインテリアショップを作ったり、趣味のワークショップイベントでライフスタイルを提案したりもする。大規模なお客様感謝祭や、交流パーティーを毎年企画したり、さらには社員が運営するレストランやカフェを作ったりなど、会社や社員とお客様の関係がずっと続くような事業モデルをミッションから導き出しました。

それで実践したら、翌年から業績がみるみると回復していきました。いまも彼らはミッションミーティングを定期的に行い、理念と事業の一貫性を大切にしています。こういう実績があるから、理念は会社を変えるし、業績を後押しすると確信を持って言えるのです。

永井　すごくいいお話です。実体験に基づいているだけに説得力があります。

山地　でも、経営者としては「最初から理念の大切さに気が付いていました」とかっこよく言いたいんです(笑)。実際は苦しい状況に追い込まれて、なんとかひねり出したというのが本音ですね。

中小企業こそデザイン投資の効果が出やすい

永井　デザイン導入の効果についてもお聞きします。山地さんの著書では「デザイン」という言葉こそ使われていないものの、「かっこいい」ことの価値を何度も強調されていますね。

山地　まさにデザインです。オフィスや商品のデザインがかっこよければ、働いている人が誇りを持てます。中小企業だと「そんなものに投資する余裕はない」という経営者もいるかもしれませんが、僕はそういうハード面への投資を優先したほうが、絶対にいい結果を生むと感じています。

しかも、投資のリターンは意外と早く来ます。とくに採用の現場に顕著です。例えば、学生向けの合同説明会だと、みんな似たようなデザインのブースを作ります。そこでかっこいいブースを作ったら、学生が集まりやすくなり、いい人材が入ってくるようになる。そういうケースを何度も目の当たりにしてきました。

永井　ある業界のブランディングに携わったことがあるのですが、「この業界の経営者がデザインに関心を持つなんて珍しい」と思ったんです。そこでお話をうかがってみると、まさに山地さんがおっしゃるように、採用活動のときにデザインを良くしたら、明らかに応募の人数が増えたことがきっかけだったそうです。

山地　まったく同感です。いい人材がもたらすリターンは計り知れないですから、デザインへの投資はレバレッジ効果が高いですよ。

永井　その効果にまだ気が付いていない経営者の意識を変えるためには、どうしたらいいとお考えですか。

山地　各地に先行事例を生むことが大切です。というのも、うちは七年前に北海道の就職希望ランキングで十一位に入りました。大手や有名企業ばかりの中、ほぼ無名だったにもかかわらずです。それが話題になり、いまは道内の他社も採用活動でデザインに力を入れるようになりました。そういうロールモデルを増やしていけば、草の根的に広まっていくと思います。

安心して働ける環境が社員の創造性を育てる

永井　経営者がデザインの重要性を認識しても、組織全体に浸透させなければデザイン経営の実践はできません。社員のデザインに対するリテラシーを高めるために、山地さんはどういった工夫をされていますか。

山地　まず前提として、そもそも僕の世代よりも若手のほうが、デザインに対するセンスがいいに決まっています。

永井　確かに世代によるリテラシーの差はありますね。「商品のデザインはかっこいいほうがいい」という意識は、デザイン性の高い製品に囲まれて育った若い人なら、当然のように持っていると思います。

山地　だから、若手が意見を言いやすい組織風土を作ることが近道だと思います。雑談するたびに「遊んでいるんじゃない！」と怒られるような企業がまだまだありますが、そういうところでセンスを云々するのは難しいのではないでしょうか。

永井　山地さんの『超実践！　楽しく儲かる社風経営』という著書では、明るく前向きな社風を作ることの大切さを説かれています。これと同じようにデザイン経営でも、個人が自由に創造性を発揮できる組織文化の構築を提唱しています。

山地　まさにその意識でやってきました。僕は「アメとムチ」という言葉が好きではありません。動物じゃないんですから、経営者は社員が安心して働ける環境を作る責任がある。そして安心できる環境があれば、社員がクリエイティブになる。これは実験済みの原理です。

永井　そのような組織風土を作るためには何が必要でしょうか。

山地　僕は「任せる」ことだと思っています。ああしろこうしろと命令するのではなく、上司は目指すべき方向を示すだけにして、具体的なことは若手にやらせてみる。彼らのほうがセンスはいいから、自由にやらせたほうがクリエイティブなものが出てくるんですよ。

例えば、SNSでの発信です。大企業だと会社名、個人名での発信を規制しているところもありますが、うちは新人のときから会社名が分かる自分の名前で発信してもいいとしています。それが最近、良い効果を生むようになってきました。ブランドのインスタグラムもユーチューブも、最初は外注でやっていたのですが、若手が自分たちで試行錯誤する中で、徐々にセンスが磨かれていき、会社のアカウントでも自らクリエイティブな発信ができるようになってきました。

永井　個人での発信を認めている企業は少ないですよね。例えば、炎上などのリスクはないでしょうか。

山地　むしろ、自分の名前で発信した経験があるから、こういうことを言ったら炎上するといった肌感覚が身に付くと思っています。この当事者意識の大切さは、SNSの発信だけでなく、事業のあらゆる場面に通じます。組織のリーダーを育てるには、ヒリヒリするような現場に立ち会って、問題を解決した経験を積み重ねるしかないのと同じです。

だから、私の経営者としてのスタンスでいえば、以前はみんなが力を発揮できるような組織にしようと導いてきたけど、いまは自律の意識が根付いていて、放っておいても大丈夫と思えるようになりました。それぞれの社員がビジョンやミッションを参照しながら日々の活動をしていて、新しい事業の提案も自然と上がってくるようになりました。

永井　たくさんの事業の判断をされているわけですが、山地さんの決裁の判断では理念との一貫性を大切にしているのでしょうか。

山地　あとは担当者が最後までやりきれるのか、社員の幸福のためになるのかという部分ですね。ただ、いまはみんな慣れているので、最初の企画書から、事業としての可能性や失敗のリスクだけでなく、目的の話も盛り込まれるようになっています。「なぜうちがやるべきか」「誰のどんな課題を解決するためのものなのか」という視点です。

永井　それはまさにデザインの話ですね。

山地　だから、僕が聞くことはあんまりなくて、「いいね！」とハンコを押すだけになってきています(笑)。

クリエイティブな社風を作るには

永井　それは山地さんが「放っておいても大丈夫」と言えるところまで確固とした組織文化を作ったということですよね。その段階に至るまでには、さぞご苦労があったのではと思うのですが。

山地　それは最初から任せられる組織を作ろうとしていたことが大きいです。僕は三〇代の頃から、「自分の器だけでは大きな仕事はできない」と気付いていました。新しいことにはどんどん挑戦したいけど、それを大きくしたり、管理したりするのはめんどくさい性格なんです（笑）。だから、しっかりと足場を固めてくれるスタッフを組織として育てていかないと、自分のやりたいことはできないと思っていました。

じゃあ、それを実現できるのはどんな組織だろうと考えて、いろんな試行錯誤をして、現在のホールディングス制の経営に辿り着きました。その過程でたくさん失敗もしましたが、基本は最初に設計したことが実現できています。その意味では、僕も経営をデザインしていたといえるのかもしれません。

永井　最初に「なりたい姿」を構想し、それを具現化していったということですね。ただ、構想を具体的に落とし込んでいく際に、成功と失敗の分かれ目となったポイントがあったのではないかと思います。というのも、いざ任せても実際に動いてくれなければ成果につながらないですよね。そこをいかに解決したのでしょうか。

山地　コツは個人面談です。僕は社員の中に答えがあると思っています。例えば以前、職人集団のような会社の経営を引き継ぎ、どん底から立て直したことがあります。そのときも従業員のひとりひとりと徹底的に話し合いました。その会社にとって僕は門外漢ですが、意見の正しさは客観的に判断できます。

それでよく話を聞いてみると、理に適った意見を言う人がいました。しかも、同じことを言う人は何人もいました。そこで彼らの言うとおりに大きく舵を切ってみたら、結果的に成功したんです。もし、僕の思い込みで一方的に、「いいからついて来い」とやってしまったらピント外れなことをしていただろうし、誰もついて来なかったと思います。

永井　中小企業のように組織の規模が小さい場合は、トップダウンのマネジメントが重要だと言われますが、山地さんは現場からのボトムアップも重視されているんですね。

山地　トップダウンだと指示待ち人間を作ってしまうんですよ。実際にそれで失敗したことがあります。理想は社長がファシリテーターになることです。最終的に「こういう組織を作りたい」「こういう事業を作りたい」というビジョンは自分の中にあったとしても、それを押し付けるのではなく、そこに向かって社員を導いていく。そうすると、「これは私たちの作ったビジョンだ」と感じてもらえます。そのひと手間を省いてトップダウンで経営方針を発表しても、みんな白けるだけです。

永井　自分の考えを押し付けないのは、なかなかできることではないと思うのですが。

山地　ファシリテーションやコーチングのスキルをかなり勉強しました。そんなに難しいことではありません。結局、事業をやるのは人間です。経営者はマーケティング戦略の前に、人を導く方法を勉強したほうがいいと思っています。

永井　なるほど、人を導くスキルですか。

山地　トップダウンのすべてを否定しているわけではありません。ベンチャー企業なんて、まさにトップダウンで脇目も振らずにやるべきだと思います。僕だって提案に「NO」を言うこともあります。つまり、そこそこ組織が大きくなったら、みんなの力を使っていこうということですね。組織が大きくになるにつれて、トップダウンにボトムアップがミックスされ、人が育つことによってトップダウンの比率が徐々に小さくなっていく。それで経営者もどんどん楽になる。これが理想的な経営です。

「任せる」ことで人は育つ

永井　しかし、中小企業の経営者こそ、自分自身がいちばんのプレイヤーで、なかなか部下に任せられないというケースも多いのでは。

山地　だから、中小企業こそ多角化すべきなんです。物理的に自分が全部を管理できなくすることで、部下に任せないとまわらないようにしてしまう。

最初は不安だと思います。しかし、どんな部下も任せられると成長します。それに経営者にとっても、事業の柱が複数あったほうが安心感につながります。もちろん、最後の最後のケツは社長が持つべきですが、致命的なことにならない限りは、とにかくやらせてみたほうがお互いのためになります。

永井　経営者は「任せられる人材がいない」と嘆きがちですが、そもそも任せてみないと人は育たないということですね。それに加えて、組織を拡大していく過程では、人が育つような仕組みをデザインすることも重要です。その意味で山地さんが具体的にやられていることはありますか。

山地　例えば、弊社には「委員会制度」があります。これは「重要だけど緊急ではない経営課題」にグループ横断で取り組むもので、テーマごとに五人から一〇人のメンバーで構成されています。経営管理職を除くすべての社員がなんらかの委員会に所属しています。

グーグルの「二〇％ルール」（勤務時間の二〇％を担当業務以外のプロジェクトにあてることができる制度）のようなかっこいいものではないですが、まさに本業と二足のわらじを履いて、経費削減などの課題に取り組んでもらいます。それで解決したら解散する。あるいは継続的に取り組むべきテーマなら、メンバーを入れ替えながらやってもらう。こういう制度が根付くことで、業務改善のための仕組みが蓄積されていくし、社員が自主的に課題解決に取り組む風土を醸成することもできます。この制度は組織に横串を通すことで、多角化が進んだときに起こりがちなセクト化を防ぐ効果もあります。

気を付けてほしいのは、社員に「やらされている感」を抱かせないことです。あくまで業務として勤務時間内にやってもらい、委員会の活動の成果も経営陣が評価するように制度を作ることで、社員のモチベーション維持につながります。

デザインを取り入れた中小企業が世の中を良くする

永井　お話をうかがっていると、理念を大切にされたり、社員教育に力を注がれていたりと、多くの経営者が遠回りだと思いがちなことにこそ、山地さんは経営の本質を見ているのではないかと感じます。

山地　繰り返しになりますが、それなしにどうやって経営をやっていけるのかと思うんです。最初は「食うために」とか「もっと稼ぎたい」という欲求から経営者になったとしても、次第に事業が落ち着いてくると、どんな経営者だって、「自分は何のためにやっているのだろう」「これで社員は幸せなのだろうか」と考えるようになります。

最初から理念ありきで経営者になった人は少ないでしょう。苦しみながら事業を軌道に乗せていくうちに、経営の意義を求めるようになり、会社として成熟していく。問題は成熟に向かうステージです。みんなそこで壁にぶつかります。

その壁を突破するための方法が理念に基づく経営であり、まさに永井さんがおっしゃるデザイン経営じゃないかと思います。

永井　私たちがデザイン経営として目指していることと共通する部分が多く、経営のリアルな現場でのお話で大変勉強になりました。ありがとうございました。

山地　ぜひデザイン経営を中小企業に広めてください。僕は世の中を良くするのは中小企業の仕事だと考えています。単に儲けるだけじゃなく、かっこいい経営をして、イノベーションを生み出して、地域を盛り上げる。それができるのは僕らのような中小企業のはずです。

地方の中小企業がデザインのセンスを身に着けたら、そこで働きたいと思う人が増え、地元に人材が残るようになる。そこからいろんな波及効果が生まれます。

いまの中小企業でデザインに力を入れているのはベンチャーやスタートアップが中心で、そういうところは実際に優秀な人材を採用できています。僕が心配するのは、地域に根づいた、だけど社員が高齢化してデザインのリテラシーがないような会社です。そこが化けることができたら、社会にめちゃくちゃいい影響を与えます。地方でも「これからはデザインだよ！」と言う企業が増えることを期待しています。

〈おわりに〉

デザインの領域は広がり続ける

本書をお読みいただきありがとうございました。デザイン経営への理解は深まったでしょうか。デザイン経営に関心を寄せていただくことは多いのですが、どうしても理解に苦しむとの声をたくさん聞いてきました。このように体系的にご説明することで、経営にデザインを上手に取り入れていくきっかけになれば幸いです。

私がデザイン経営の普及に取り組むことになった経緯は、二〇一七年にさかのぼります。特許庁長官から、デザインと経営の関係について話を聞きたいという依頼がありました。当時、グッドデザイン賞の審査員長を務めていたことから声がかかったのではないかと思います。虎ノ門にある特許庁の会議室で、本書で述べたパーパスの重要性などの話をさせていただきました。それからほどなくして、多くの有識者が参加した「産業競争力とデザインを考える研究会」が立ち上がりました。しかし、喧々諤々とした議論が続くばかりで、なかなか意見が一致しません。デザインは経営にどう寄与できるのか。その疑問に対する考えにあまりにも幅があったからです。デザインや経営のプロフェッショナルが集まっても、この経営とデザインの関係性を整理するのは難しい。研究会は一年以上、十数回にも及び、途中このまま結論が出せないのではないかと感じることすらありました。

ようやく研究会メンバーが腹落ちできたのは、本書冒頭でも引用した「デザイン経営は、ブランドとイノベーションを通じて、企業の産業競争力の向上に寄与する」ことを表現した二つの円が交わる図が完成したときです。これは実際に「『デザイン経営』宣言」（以下『宣言』）に掲載されました。

しかし個人的には、この図のブランディングとイノベーションの関係が気になっていました。ブランディングを長く仕事としてやってきた立場からすると、これは別々のものではなく、つながっているものではないかという思いがぬぐえなかったからです。

そして『宣言』の発表以降、様々な分野の方と意見交換や講演をさせていただく中で、私なりにデザイン経営に関する考えを深めてきました。本書はその現時点での集大成です。

もちろん、経営者が環境の変化に合わせて事業をアップデートさせるように、デザイン経営の研究は今後も続けていきます。私が教授を務めている多摩美術大学と、経営学の総本山である一橋大学の共同研究も始まっています。その内容については、また機会を見てお伝えできればと思います。

もうひとつ、『宣言』は経営者に向けたものですが、本書でもお伝えしてきたように、デザインの素養は非デザイナーであるビジネスパーソンも身につけるべきものです。

左脳的な考え方を鍛えるロジカルシンキングだけでなく、デザインシンキングによって感性や創造性など右脳的な考え方も使えるようになれば、ものを考えたり、発想したりする幅がぐっと広がっていくでしょう。経営企画や新規事業の担当者はもちろんのこと、様々な業務に携わる人たちがデザインのマインドとスキルを身につけることで、企業のポテンシャルを大きく開花させることができるはずです。また、創造性の視点を持って仕事をすることは、ウィリアム・モリスも看破したように、仕事を喜びあるものにすることにもつながるでしょう。

もっとビジネスパーソンにも、デザイン経営を伝えることはできないか。そうした問題意識で立ち上げたのが、多摩美術大学クリエイティブリーダーシッププログラム、略して「TCL」です。デザイン経営を社会に実装するため、「戦略性」と「感性」を合わせ持つハイブリッド人材を育成しにもいく試みであり、一般のビジネスパーソンを対象に、学校教育法に基づく履修証明書も交付される、三カ月の短期集中プログラムを行っています。

構想から二年ほどかかりましたが、二〇二〇年九月から第一期が始まりました。今回対談でお世話になった佐宗邦威さんや元ＩＤＥＯで現在はＫＥＳＨＩＫＩの代表をされている石川俊佑さん、同じくＫＥＳＨＩＫＩの大貫冬斗さん、特任准教授の丸橋裕史さん、教授の濵田芳治さん、そして多摩美でも教えられている深澤直人さんなどの講師陣に加えて、デザイン経営を実践されている実務家の方々も招いて授業を行っています。講義だけでなく、実践型・参加型のアクティブラーニングを大切にしていることから、定員は三〇名と絞っているのですが、当初から定員を大幅に超える九〇名もの応募があり、デザイン経営に対する関心の高さに、あらためて時代の変化を感じました。すでに一期生は卒業し、それぞれの職場でデザイン経営の実践を進めてくれています。

このＴＣＬが始まる直前の二〇二〇年七月、内閣府の出した日本の「成長戦略実行計画」の中に、「デザイン」というキーワードが、恐らく歴史上初めて入ったことをご存じでしょうか。「社会人の創造性育成」（リカレント教育）について盛り込まれた項目があり、そこでデザイン教育の重要性がこう謳われています。

〈大企業に勤務している二〇代から三〇代前半の社会人に対して、創造性を磨き直し、ステップアップするためのリカレント教育の機会を提供することが必要である。我が国のものづくり企業は、アートやデザインが経営と比較的遠いところに置かれ、コストや品質に注目してきたことが、マークアップ率が低い一因にもなっているという指摘もある。

このため、個人の内面や顧客ニーズに基づく創造的な発想をビジネスにつなぐ教育プログラムを開発し、実践する大学等の拠点を早急に構築するため、集中的かつ中長期にわたる支援を行う。〉

国の方針も後押しになり、創造性を学ぶビジネスマンはこの先、どんどん増えていくでしょう。以前であれば、デザインは美術大学や専門学校でしか学ぶことができませんでした。しかし、いまでは地方も含め、デザインの名前のつく学科が新設されたり、デザインに関わるプログラムが提供されたりするようになりました。今後、デザイン経営が社会に浸透していくに従って、大学でのデザイン教育は広がっていくでしょう。

ＡＩなどの発達により、社会における人の役割が問い直されていく中で、デザインの創造性と美意識は、人にしかできない活動の源泉になるはずです。また、多様なものの関係性の最適化を図るデザインは、社会の基盤を形づくることにも貢献します。そう考えると、企業や大学だけでなく、中等教育や初等教育においても、デザイン教育の導入が求められるようになっていくと思いますし、そうなっていかなければならないと思います。

この本の出版にあたっては、本当に多くの方にお世話になりました。

博報堂デザインのメンバーにはいつも多くの助けをもらいました。プロデューサーとして、いつも相談相手になってくれ、この本をカタチにするのに奮闘してくれた竹本さん。コンサルタントという立場からデザイン経営の骨格を考えるヒントをくれた山口さん。職務を超えて話の聞き出し役になってくれた川代さん。図版をカタチにするのを手伝ってくれたデザイナーの大利くん。元博報堂デザインでいまは博報堂広報の山野さんには、前著に引き続き親身にサポートしてもらいました。

そして多くの取材をしながらまとめて上げてくれたライターの小山田さん。この本は小山田さんなくしては出すことはできませんでした。

また、対談だけにとどまらず、全体に対してのアドバイスもいただいた佐宗さん。中小企業という立場からのお話を伺うことができた山地さん。お二人のお話は、本文では書き切れていない部分を補完していただける大変貴重なものになりました。

一章に掲載されている、デザイン経営の国内浸透度調査では、日本デザイン振興会の矢島さん、プロダクトデザイナーの廣田さん、そして三菱総研の藪本さん、松浦さん、山越さんに大変お世話になりました。

SYPartnersの福田さんには、急なお願いにも関わらず、日本でもまだあまり知られていない貴重な先行事例を共有いただきました。今後は、日本国内のデザイン経営の浸透について協働していければと思います。

そして、デザイン経営というコンセプトを生み出すきっかけとなった、経済産業省、特許庁、デザイン経営についての研究メンバーのみなさま。みなさんとディスカッションした時間が、自分の考えのすべてのベースになっています。

早稲田大学日本橋キャンパスで行っていたデザイン経営についての連続講座に足繁く通って下さったのが、出版元であるクロスメディア・パブリッシングの小早川社長でした。講座が終わったときに書籍化の話をいただいたことが、この本が生まれるきっかけになりました。また編集の石井さんには、遅々として進まない中、辛抱強くお付き合いいただきました。
最後に、事例として引用を許可していただいた多くの企業のみなさまに、改めて御礼を申し上げます。

一九世紀に近代デザインの概念が生まれてから、デザインは様々な領域に、その対象とするフィールドを広げてきました。人の暮らしの中に入る数々の製品を生み出すプロダクトデザイン、情報の伝達やコミュニケーションを促すグラフィックデザイン、コンピューターの発達とともに重要視されてきたインターフェースデザイン、人と人の関係を考えるコミュニティデザイン、SDGsをはじめとする社会課題に取り組むソーシャルデザイン、ダイバーシティと向き合うインクルーシブデザインなど。

社会が変化、進化していく中で生まれる違和感や課題、もしくは未来に向けた可能性のあるところなら、どこでも「デザイン」は求められます。これからは、民主主義や資本主義のドライバーとなっている「経営」にデザインが入っていく時代です。本書がその一助となれば幸いです。

永井一史

【著者略歴】

永井一史（ながい・かずふみ）

アートディレクター／クリエイティブディレクター。株式会社HAKUHODO DESIGN代表取締役社長。多摩美術大学教授。TCL(Tama Art University Creative Leadership Program)エグゼクティブスーパーバイザー。公益財団法人日本デザイン振興会理事。1985年多摩美術大学美術学部卒業後、博報堂に入社。2003年、HAKUHODO DESIGNを設立。様々な企業・行政の経営改革支援や、事業、商品・サービスのブランディングを手掛けている。2015年から東京都「東京ブランド」クリエイティブディレクター、2015年から2017年までグッドデザイン賞審査委員長を務める。経済産業省・特許庁「産業競争力とデザインを考える研究会」委員も務めた。クリエイター・オブ・ザ・イヤー、ADC賞グランプリ、毎日デザイン賞など国内外受賞歴多数。著書・共著書に『幸せに向かうデザイン』（日経BP）、『エネルギー問題に効くデザイン』『博報堂デザインのブランディング』（ともに誠文堂新光社）など。

これからのデザイン経営《けいえい》

2021年 3月 1日 初版発行

発行 **株式会社クロスメディア・パブリッシング**

発行者 小早川幸一郎

〒151-0051 東京都渋谷区千駄ヶ谷4-20-3 東栄神宮外苑ビル

https://www.cm-publishing.co.jp

■本の内容に関するお問い合わせ先 …………………… TEL (03)5413-3140／FAX (03)5413-3141

発売 **株式会社インプレス**

〒101-0051 東京都千代田区神田神保町一丁目105番地

■乱丁本・落丁本などのお問い合わせ先 ……………… TEL (03)6837-5016／FAX (03)6837-5023

service@impress.co.jp

（受付時間 10:00～12:00、13:00～17:00 土日・祝日を除く）

※古書店で購入されたものについてはお取り替えできません

■書店／販売店のご注文窓口

株式会社インプレス 受注センター …………………… TEL (048)449-8040／FAX (048)449-8041

株式会社インプレス 出版営業部 ………………………………… TEL (03)6837-4635

ブックデザイン 金澤浩二

DTP 株式会社RUHIA

製本 誠製本株式会社

編集協力 小山田裕哉

図版作成 長田周平

印刷 株式会社文昇堂／中央精版印刷株式会社

ISBN 978-4-295-40507-8 C2034